# 「自分カメラ」の日本語「観客カメラ」の英語

英文法のコアをつかむ


熊谷高幸
Kumagai Takayuki



新曜社

# はじめに

私たち日本人にとって英語は本当にわかりにくい。なぜこんなにわかりにくいのかを探りながら、英語のしくみを解明し、同時に英語をわかりにくくしている日本語のしくみも解明していこうとするのがこの本の目的である。

いま英語は、これまで外国語に関係なかった人々にも影響を及ぼすようになっている。グローバル化が進み、また、外国から日本へ、観光や仕事や学業のためにやって来る人々の数が急激に増えている。さらに、本年（二〇二〇年）は東京オリンピックが開催されると同時に、小学校で英語が正式な授業科目になる。このように大きな変化に対して日本人は備えができているだろうか？　それは、もっと英語を勉強して、英語がわかるようにしておこう、という意味だけではない。日本語を話す日本人としてのアイデンティティを保てるかどうか、という意味でもある。英語文化の拡大が日本語文化の縮小となってはいけないのである。

私がこれまで専門としてきた分野は心理学、中でも自閉症の心理学であり、日本語や英語ではない。しかし、日本語を使う日本人として、また、英語が国際語となってきた現代を生きる日本人として、いま述べたことは無視できない問題であると考えている。それは、言語を専門とする人々だけでなく、すべての日本人にとって重要な問題である。

私はこれまでの仕事の中で、一見、誰にとっても同じであるかのように見える外部の世界が、たとえば自閉症のように、特有な認知のしくみをもつ者には、かなりちがって見えることに気づいてきた（熊谷 一九九一、二〇一七、二〇一八など）。世界のあり方は、視点や視界のあり方によってかなり異なってくるのである。そして、このような見方を進めていくうちに、日本語の話者と英語の話者にとっても、世界の見え方にはかなりのちがいがあるのではないか、と考えるようになった。ちがいがあるから、日本人にとって英語は非常にむずかしいのである。そこで、このちがいがどのようなものかを明らかにしつつ、英語が国際語となった時代の日本語と英語の問題を探っていきたいと考えたのが本書を書き始めた理由である。

実は、私は、九年前にも、英語など他の言語と比較しながら日本語の特性を明らかにしていく本を書いている（『日本語は映像的である』二〇一一）。この本の中で述べていったのも、これから本書の中で述べていくのと同じ、日本語と、英語など西洋の言語とのあいだにある視点のちがいだった。日本語は、話し手と聞き手のあいだで作られる共同注視（2章で詳述）にもとづいてことばが交わされる。そのため、すでに共有され、わかりきっているものを表すことばの省略が非常に多く(1、2、4、5章参照)、また、二人のあいだでの視点合わせのために「これ」「それ」「あれ」などの指示詞を多く用いるようになる(6章参照)。また、聞き手に見せる映像の範囲や、その中で選択する対象を強調するために格助詞の「は」と「が」を活用する(7章参照)。一方、英語は、もっと俯瞰的な視点のもとで全体を捉えようとすると同時に、非常に省略の少ない言語である。

しかし、日本語と英語の視点のちがいは、前著で述べた範囲を越えている。たとえば日本語では、「私は彼を見かけた」と、S(主語)O(目的語)V(動詞)の語順で話すが、英語では **"I saw him"** と、SVOの語順で話す。これは世界の言語を二分する特徴ともいえるが、前著ではあまり詳しく触れることができなかった。また、英語には、日本語に存在しない冠詞というものがある。なぜ、こんなものがあり、どのようなしくみをもっているのか? これらも含め、日英の言語には大きなちがいがたくさんある。それらは偶然生じたものなのか?――そうではなく、そこには、ちがいの大元になるものがあるはずである。それをようやく発見することができた、と考えたのがこの本を書くことにしたきっかけである。

日本語と英語のちがいはあまりにも多い。そのちがいをいちいち覚え、体得していくことは、常時英語に接することができない者にとっては非常にむずかしい。そのような者が、英語のしくみを知る上で役に立つと思われる本を最近発見することができた(田中・弓桁二〇一六)。

その本で語られていたのは、英語の重要な文法表現にはコア（核）となるものがあるので、このコアのイメージをしっかりつかんでおけば、日本人には捉えきれないように思える多くの表現方法を理解することができる、というものだった。

この本の中で述べられているコアの考え方はとてもわかりやすいものだったが、私は、日本人は、もうひとつ別のコアを知っておくことが必要である、と思っている。それは、英語の全体に潜んでいるコアであり、英語に特有の視点に当たるものである。だが、それを英語を母国語とする人々に直接教えてもらうことはむずかしい。英語のコアは英語の中にどっぷり浸かっている人々には見えにくい。ことばと文化はこのコアにもとづいて作られているから、あたりまえすぎて見えにくいのである。また、このことは、日本語を話す日本人についてもいえることである。日本人にとって日本語を話すのはあたりまえなことなので、そのコアとなるものは見えにくいのである。だから、そのコアを見つけることができるのは、それを外側から、つまり、英語などの外国語と対照させつつ、隔たった視点から見つめるときである。

前著でも述べたように、日本語と英語には両極といっていいほどのちがいがある。このことは、日本人が英語を学習する上で非常に大きな障壁となっている。しかし、他方で、それは英語のコアを知る上では有利な立場であるといえる。隔たっているからこそ、それぞれの言語のちがいを外側からしっかり見つめることができるからである。日本人から見て、英語がわかりにくいところに英語のコアがあり、英語をわかりにくくしているところに日本語のコアがある。また、日本語と英語を分かつ、これら二つのコアを明らかにしていけば、分かつことのできない共通の部分、つまり、言語一般に通じるコアも見えてくるかもしれない。

私がこの本で提案したいのは、**日本語は、話し手と聞き手がそれぞれ自分の手元にあるカメラで世界を撮っていくかのような視点でことばを組み立てている**、ということである。日本語には、本人の目線に合わせて視界を動かしながら話を進めていく、というしくみがある。これが**日本語のコア**である。それは、本人が自由に持ち歩くことができるカメラだから、モバイル（移動可能な）カメラであるということができる。ただし、この本のタイトルでは、それをよりわかりやすく**自分カメラ**と名づけている。

一方、**英語は、自分がそこにいる場合も含めて出来事を舞台上に乗せ、それを観客席から撮っているかのような視点でことばを組み立てている**。それは、多くの人や物を外側から客観的に捉えていく視点である。またそれは、舞台の様子を客席から撮っていくスタジオカメラのような視点であり、これが**英語のコア**になっている。ただし、これも、この本のタイトルでは、よりわかりやすく**観客カメラ**と名づけている。このことが、日本語の文を英語に、英語の文を日本語に変換することをむずかしくしていると考えられる。

ただし、小型化、高性能化した現代のカメラは、モバイルカメラ、スタジオカメラの別なく、移動が容易であり、視界を変えながら高精細な動画映像を撮ることができるようになっている。つまり、二種類のカメラのちがいは小さくなりつつある。だから、この本では、モバイルカメラについてもスタジオカメラについても一時代前のカメラを想像していただきたい。そして、これら二種類のカメラを二種類の言語に対応させながら述べていくときには、「日本語カメラ」と「英語カメラ」と呼ぶことにしたい。

なお、この本で、なぜ、日本語と英語の視点をカメラにたとえているのかというと、カメラはその視点から見た映像、つまり、その視界をそのまま映し出してくれるからである。そして、カメラが捉える視界のちがいが、そのまま日本語と英語の文法の根本的なちがいを作っていると考えるからである。

日本人が英語を身につけるための近道は、しばらくのあいだ日本語を忘れ、英語だけで暮らしてみることだろう。すると、日本語のコアは消え、英語のコアだけが働き始める。英語を使うことを専門にしようとする人なら、このようなことをしてみることが必要だろう。しかし、私も含め、大部分の日本人にとって、それはむずかしい。日本人にとって、考えるということは、日本語で考えるということである。だから、日本語なしでは仕事が進まない。仕事に熱中すればするほど英語を忘れていくことが多い。

だから、多くの日本人にとって必要なことは、英語ネイティブのようになることではなくて、日本語を使う日本人でありながら、そこそこ英語も使える国際人になることだろう。そこで求められるのは日本語のスタンスと英語のスタンスを両立させておくことである。そのためには、日本語のコアと英語のコアをしっかり見据えておくことが必要になる。そのための足がかりを作ろうとするのがこの本の内容である。

ところで、日本語と英語のあいだには、本書で扱う文法についてだけでなく、音声についても両極といってもいいほどのちがいがある。日本語の音は非常にシンプルで仮名文字にもわかりやすく対応しているが、英語の音は複雑なだけでなく文字との対応が変則的である。このことも加わって、日本人にとって英語は近づきにくい言語になっている。しかし、この本では、この問題には触れないことにする。

また、もうひとつ断っておくと、英語が現代の基本的な文法構造を成すようになったのは日本語よりもずっと遅く、一六世紀前後であるといわれる（寺澤二〇〇八、堀田二〇一六など）。周辺のヨーロッパ言語の影響を長期にわたって受け、また、文化的にも内外の大きな歴史的変動の中にあったからである。だから、英語のコアとなるものが、同時にヨーロッパの他の言語のコアであることも多い。しかし、この本ではそこに深く立ち入ることはしない。現代の英語と現代の日本語を比べる中で、そこにある本質的なちがいを明らかにしていくことを目的としている。

# 「自分カメラ」の日本語　「観客カメラ」の英語◆目次

目次

装丁　臼井新太郎
装画　楠木　雪野

# 1章

# 日本語カメラと英語カメラの視界のちがい

## まともな英語の文が作れない

英語を話す人々は世界をどのように見、そして表しているのだろうか？　これはわれわれ日本人が英語を身につけようとすると抱くことになる疑問である。けれども、いや、ことばを話すというのは、どの言語であろうが、同じ人間がしていることだから大差はない。第一、日本人だってアメリカやイギリスで生まれ、そこで育てば、立派に英語が話せるようになるじゃないか！と反論されそうである。しかし、現代のようにグローバル化が進む時代となり、われわれ日本人も英語に慣れておかなければと挑戦し始めると、思いのほかの困難に直面することが多い。そして、そのような人々の一員である私にも、思い当たる体験がたくさんある。

たとえば、旅先で電車に乗ると、少しでも英語に触れておこうと、日本語の次に流される英語のアナウンスに聞き耳を立てる。次の停車駅に近づくと聞こえてくる以下のようなアナウンスがある。

The doors on the right side will open.

そして、これを聞き、ああ、右のドアが開くんだな、とわかるところまではいいのだが、せっかくだから、これを復唱して覚えてしまおうとすると、

Door on right side open.

というような、どこか自信のない英語が現れてくる。Doors の s が抜け、open の前の will が抜ける。そして、冠詞の the が二つも付いていたことなどすっかり忘れている。もしこれが英作文のテストだったら、××××と、こんなに短い文なのに四つも×印を付けられてしまうところである。

## 日英言語の視界のちがい

われわれ日本人にとっては、ただ右のドアが開くということを表すだけなのに、なぜこんなに余分な情報をたくさん付けておかなければならないのだろう?という疑問が残る。その理由を英語の先生に聞けば、ドアは複数あるから、ドアが開くのは未来だから、ドアや右側はその場所で特定できるものだから、という答えが返ってくるだろう。しかし、日本人にとっては、そのような情報がなくてもドアを通って降車することができることに変わりはない。にもかかわらず、英語を話す人々にとっては必要な情報であるらしい。しかし、その理由については、英語の先生は答えてくれない。だから、そういうものとしておぼえていくしかない。しかし、理由がよくわかっていないから、しばらくすると、また、"s" や "will" や "the" が抜けやすくなるのである。

しかし、このような状態がずっと続いていていいはずはない。グローバル化が進み、英語が身近なものとなってきた今だからこそ、この問題にまともに向き合ってみる必要があるはずである。日本語と英語のあいだには、ものの捉え方に大きなちがいがあるのではないか。そのちがいを明らかにする手始めとして、いま問題としてきた、電車のドアの開閉という、一見、とても小さく見える問題に立ち戻ることにしたい。そして、そこを足がかりにして、日英言語の根本的なちがいについての私の論を進めてみることにする。

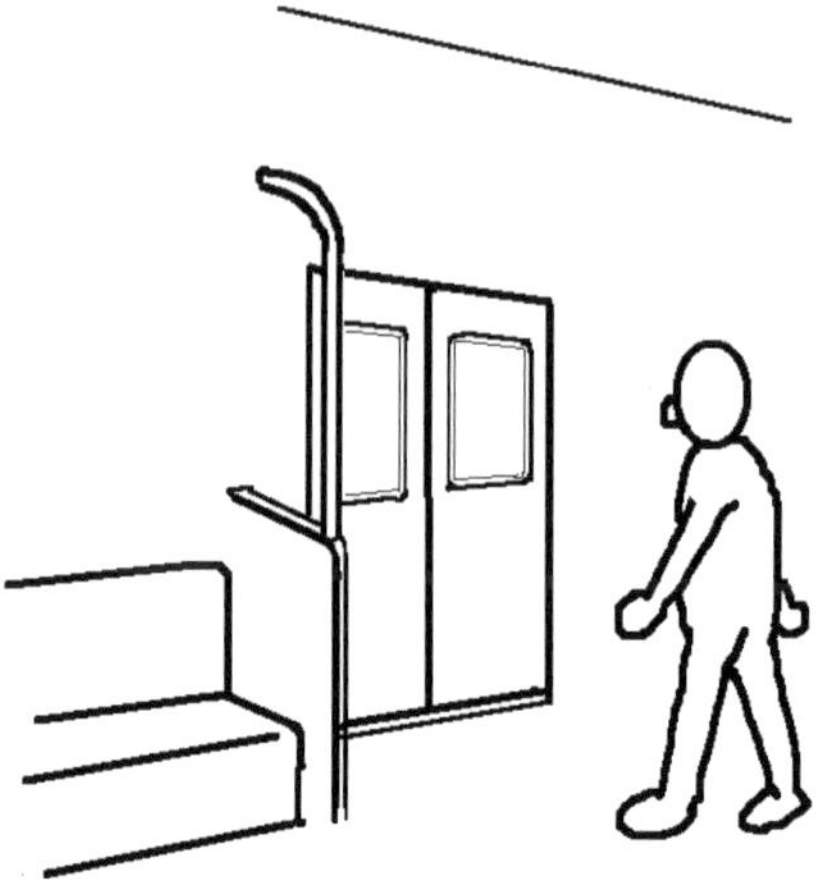

図１－１　日本語の視点で見た列車のドア

ドアの開閉についての私の解は次のようなものである。

「右のドアが開く」だけで済んでしまうと考える日本人と、そこに多くのことばの部品を盛り込んでしまう英米人とは、ことばを使うときの視界の様子がちがうのではないだろうか。簡単にいうと、日本人の視界は狭く、英米人の視界は広い。

では、日本語の視界は狭く英語の視界は広い、となぜいえるのか？　その理由は、先ほどの、われわれ日本人がつい作ってしまう英文の中の××の部分の理由を見つめることである程度説明できそうである。

まず第一に、日本語では「ドア」だけで済ませ、英語では“doors”と複数形で表すことについて。日本人が「ドア」だけで済ますのは、電車から降りるとき、ひとつのドアしか見ていないからである。一人の人が降車するのはひとつのドアからに決まっており、いっぺんに複数のドアから出るとしたらＳＦ的な世界になってしまう。だから、「右のドアが開きます」とアナウンスされたとき日本人がイメージしているのは図１－１のような視界になると考えられる。

図1－2　英語の視点で見た列車のドア

一方、"doors" と、複数で表す英語が作る視界は、図1－2のようになっているのではないか、と思う。ただし、これは一両分を表した絵だから、より正確には六両編成なら六両分の絵で表さなければならないだろう。なお、図1－2の車両では両開きのドアになっているので、そのため複数形である、という解釈も成り立つ。しかし、新幹線や在来線のような、片開きのドアの場合も "doors" と複数形が用いられているようなので、やはり、広い視野が関係していると思われるのである。

もちろん、英語を話す人やその音声を聞く人が、車両から降車するたびに、いちいちこのようなイメージを抱いているわけではない。しかし、英語は、そのしくみとして、多くのドアがあることを前提とした上で、乗客の一人一人がそのうちのどこかのドアを通って降りていくことを想定していると考えられるのである。

一方、同じ場面での日本語のアナウンスでは、「お出口は右側です」と述べられることが多い。「お出口」とは、乗客の立場から見たドアを意味する。また、このような敬語を用いた表現も、一人一人の乗客のそばにいて話しかけるような表現になっているのである。

以上のような視点で、あらためて英語の文書を眺めてみると、驚くほど多くの単語にいちいち"s"が付き、複数形になっていることがわかる。このことについては、複数形についてふれる8章で再び述べてみたいと思う。

## 視界を大きく区切っていく英語

ところで、広い視界を想定する英米人は、その中をどのようにレイアウトしながら英語を話しているのだろうか？　その答えを示していると考えられるのが、"The doors on the right side will open." の中に付けられた二つの "the" である。

英語の文法書を見ると、"the" は特定され、共有されたものに付けられると書かれている。だが、日本人にとっては、この説明はわかりにくい。というのは、日本人は身の回りの比較的狭い視界の中で共有し、特定するものをイメージしてしまうからである。だから、「ほら、そのそれそれ！」と指さすことができるような対象ばかりを考えてしまう。しかし、そのようなイメージは、いま問題にしている例文には当てはまらない。複数のドアや右という位置を「そこのそれ」と指示することはできないからである。

英語は常に広い空間を意識している。そして、この広い空間を管理するためには、それを区分するいくつかの領域と、それを構成する部品を意識する必要がある。今回、問題になっているのは電車空間である。すると、そこは、前後左右に分かれ、また、座席やドアなどの部品が備わっている。だから、「右側」も「ドア」も、この電車空間の中にあらかじめ設定された場所に収まることになる。つまり、英語では、各個人が直接目にする空間とは別に、図１－２に表したような概念的な空間が意識されていて、その中にきちんと収まる対象に“the”が付けられる、という解釈が成り立つのではないだろうか。

“the right side”は、車両の右半分という定まった領域を確保している。だから“the”が付いているのである。また、“doors”のような複数形は一般に“the”が付かず無冠詞であることが多い。しかし、ここでは、複数のドアが、車両の右側という、それらが収まる場所にしっかり位置づけられている。だから“the”が付くと考えられるのである。

なお、ここで述べてきた定冠詞の“the”だけでなく、冠詞の世界全体が日本人には非常にわかりにくい。そこで、この問題については９章で再び取り上げることにする。

## 画面切り替えのちがい

そして、次に、“The doors on the right side will open.”の“will”について考えてみたい。この文は、これから起きる、未来のことを表しているから、英語では当然、“will”が付いている。

だが、日本語にすると「右側のドアが開く」となり、"will"に相当することばが出てこない。英語では当然なことが日本語では当然ではない。まず、このことから考えてみたい。

これから降車しようとしている日本人にとって「右側のドアが開く」というのは、これから起きることに決まっている。そこには、動いている当人の視点にもとづき、視界を狭くとっている日本語の特徴がある。降車するときは、席を立ち、ドアの方に向かい、その前に立つ。この流れからすれば、次は、目の前のドアが開くという、次の新しい写真のコマが待っているに決まっている。つまり、日本語では、当人の行動の流れにそって画面が次々に切り替えられていく。

しかし、英語は、これまで述べてきたように、視界を大きくとり、その中の空間配置をしっかり捉えておこうとする。だから、そのようにして大がかりに構築された、図1－2のような画面を日本語のように気軽に切り替えていくことができないのである。だから、何らかの印を付けた上で、それまでの画面から別の画面に移っていくことが必要になるのである。それが、「これは未来のことですよ」と告げておく、今回の"will"など、多くの時制表現になっていると考えられるのである（これについては11章で再度述べたい）。

## 日本語カメラと英語カメラは誰が持っているのか？

以上、述べてきたように、日本語の視界と英語の視界には大きなちがいがある。それらは日本語カメラの映像と英語カメラの映像のちがいとして述べていくことができるだろう。カメラのしくみと人の目のしくみは基本的に共通している。そして、人はことばによって、聞き手や読み手のもとに次々に視覚映像を届けることになる。

では、これら二種のカメラは、いったい誰が持っているのだろう？

まず、日本語カメラについて。日本語カメラは、話し手カメラと聞き手カメラのペアという形で用意されているのが基本である。そして、会話の場合は、話し手と聞き手は立場を入れ替えていく。たとえば、本棚の前に立っている二人の、こんな会話の場合はどうだろう。

Ａ「コーヒーの本、どこだったかな？」
Ｂ「もっと右の方だよ」
Ａ「えっ？　……あっ、あった」

まず、話し手カメラを持つＡが、自分のカメラが撮っている映像を見ながら、聞き手カメラを持つＢの映像の助けを求めている。次に話し手カメラとなったＢは、「もっと右の方だよ」

と、聞き手カメラのレンズの向きをもっと右に向けるように指示している。そして、最後に、Aは、自分のカメラ映像の中にコーヒーの本を発見するのである。

このように日本語では、話し手カメラと聞き手カメラが撮る目の前の映像をもとにことばを交わし、行動を方向づけていくことが多い。この関係性は、本章で取り上げてきた電車のドアの場合にも当てはまる。電車のアナウンサーはもちろん乗客のすぐそばにいるわけではない。しかし、あたかもそこにいるかのようなことばを用いて、乗客に話しかけているのである。

しかし、一方、英語カメラは、日本語カメラのように聞き手のすぐそばにはない。遠く離れ、全体を俯瞰している。それは監視者となる第三者のもとにある。だから、図1－2のような視界になるのである。先の車内英語アナウンスは、日本語のように、これから降りようとする個々の乗客のそばに立つものではない。遠くから、乗客全員に情報を伝えるアナウンスである。だから、そのカメラは、実際にそこにあるわけではないが、車両全体を見渡せる位置にあると想定されているのである。

以上、述べてきた、日本語カメラと英語カメラのちがいは、日本語と英語の文法的なちがい全体に通じるものである。次章以下で、それらをひとつひとつ取り上げながら、説明していくことにしたい。

# 2章

# 共同注視から始まることばの世界

## 私とあなたが交わすことばの世界

まず、人と人がことばを交わすときの状況を思い浮かべてみることにしよう。そこには、ことばを発する当人と、それを受け止める聞き手と、そのことばが指し示している対象がある。これが、ことばを用いたやりとりの基本である。そして、この基本にかなり忠実に作られているのが日本語である、といえる。

たとえば、ここに男女がいて、レストランのウィンドウをのぞいているとしよう。

Ａ「どれにする?」

Ｂ「そうね……これにするわ!」

A「そうか、それか……ぼくはあれにしよう！」

二人はレストランに昼食をとりに来たようである。まず注目してほしいのは、会話の中に「ぼくは」以外に主語に当たるものが見あたらないことである。それも、相手のメニュー選択が終わり、自分の選択だけが残されたので特に発したことばである。

つまり、ここには話し手と聞き手の二人しかいないから、「君は」とか「私は」と、いちいち主語に当たることばをいう必要がない。また、レストランなのだから、食事をしに来たに決まっている。だから、いちいち「食べる」と、行為を表す動詞は用いず、「これにする」とか「あれにする」というような、選択を示すことばだけを用いている。また、もう一つの特徴は、ウィンドウの中の商品について、たとえば、「ハンバーグランチ」とか「中華定食」などといわず、「これ」「それ」「あれ」などで済ましている。

このような省略的なやりとりになるのは、ここに、私・あなた・対象という、会話のときの基本的な状況ができあがっているからである。だから、それにもとづいて省略的な表現が可能になるのである。

ところで、英語は、日本語と比べて省略が現れにくい言語である。しかし、いま述べている、レストランで食べるものを選ぶような場面では、英語でも、“I'll take this!”と、日本語と同じように名称を述べず、指示代名詞を用いることが多い。そして、時には、主語を用いず、"Take this!" だけで済ましてしまうことさえある。つまり、ここまでは、日本語も英語も共通しているのである。そして、人と人が一対一で対面し、対象に向かう、というのは会話というものの基本であり、出発点であると考えられる。そこで、以下では、この問題について詳しく述べ、その上で、日本語と英語がどのようにして異なるものになっていったかを説明していくことにする。

## ことば以前の世界で生まれる共同注視

ところで、先ほどの会話例には男女が発したことばしか記されていないが、映像にしてみると、そこには手の動きや目の動きなどが伴っていることになる。手は「これ」や「あれ」を指さし、目はそれらの方を見つめている。そして、これら目や手の動きは、まだことばをもたない子どもの、ことばに代わるコミュニケーションの手段になっている。この時期の子どもは、目や手や、さらには「アッ、アー」というような、まだことばになっていない発声によって事物を示し、親はそこから子どもの意思を読みとる

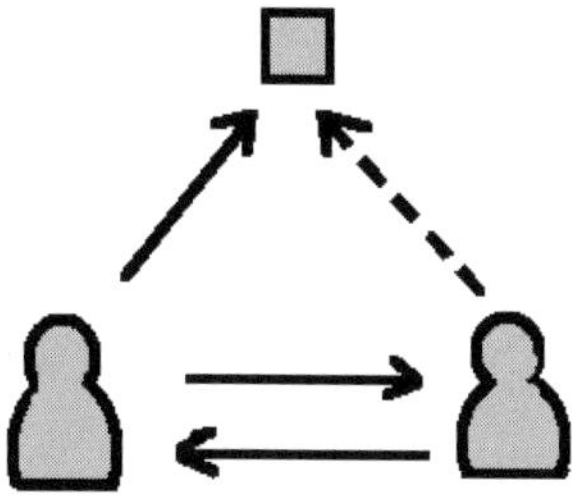

図2-1　共同注視の関係

ことになる。

　この場面は図2－1のように表すことができるだろう。そこには二人の人がいて、同じ対象に注意を向けているわけだから、共同注意とか共同注視と呼ばれる（トマセロ 二〇〇六など。なお、本書では、言語を用いる者の視点に注目して話を進めているので、共同注視の方を用いることにする）。また、このような状況を作る人や物の関係性は、指示する人を第一項、指示対象に目を向ける人を第二項、指示対象を第三項として、三項関係（やまだ 一九八七など）と呼ばれる。そして、もう一つ重要なことは、このような関係性は、まだことばを用いていない乳児だけでなく、まだことばを自由に使いこなせていなかった時代の、人類の祖先も活用していたものである、ということである。

　このような、身振りや発声中心のコミュニケーションが、やがて言語を生むことになった。だから、共同注視を生む三項関係は、コミュニケーションの基本形であり、われわれが使っている言語は、この基礎の上に築かれた発展型ということになる。ただし、いったん言語が形成されると、三項関係の三項がすべて、その場にそろっていなくても言語が成り立つことになる。たとえば、子どもが「ママ、来て！」というとき、そこには第一項である子どもと第二項である母しかいない。そこでは、来るという行為が第三項になっているといえる。また、子どもが一人、庭先に出て蝶を発見し、「あっ、チョーチョ！」というとき、そこには第二項となる聞き手はいない。しかし、自分自身の中に話し手と聞き手が成立しているともいえるのである。

ところで、子どもが発することばが増え、それらをつないで文が構成されるようになると、言語によるちがいが現れてくる。日本語は話し手と聞き手の視点にもとづくことばが多い。だから、「ここ」「そこ」「あそこ」などのことばを多用し、お互いの視線の方向を調整しながらやりとりをする。つまり、共同注視の関係の中でことばを交わすことが多いので、コミュニケーションの基本にかなり忠実な形になっている。しかし、一方、英語では、直接やりとりをする人々の外側に視点を置き、全体を見やすい位置からことばを構築することが多い。つまり、直接やりとりをする人々を遠くから見物する観客席の方にカメラを持っていくような立場が生まれたのである。

## 日本語と英語はどこが同じでどこがちがうのか?

先に述べたように、日本語も英語も同じように目の前の出来事や過去や未来の出来事を表す。そして、出来事の基本は、人と対象とそれに働きかける行為によって成り立っている。だから、どの言語にも主語を示すことばと対象を示すことばと行為を示すことばが主要なものとしてある。しかし、それらのことばをどう構成するか、によって大きなちがいが生じてくるのである。

日本語が共同注視の形に忠実であるということは、私の前著（熊谷二〇一一）ですでに示した考えである。しかし、それだけだと、日本語については説明したことになるが、対極にある英語については説明したことにならない。ことばは聞き手や読み手に出来事についての映像を思い浮かべさせながら、その場にない世界まで表すことができるものである。それなら、英語も同様の機能をもつから何らかの映像性があるはずである。しかし、映像の作り方にちがいがあるはずなので、それを明らかにしていこうとするのが、本書の内容である。

私の前著のタイトルは『日本語は映像的である』というものだった。確かに、日本語は英語よりも映像的な手法を多く使っている。しかし、英語も言語である以上は、映像的な特性をもつことに変わりはない。聞き手や読み手は、話し手や書き手が発したことばから次々に映像を作り出す。しかし、その映像がどの視点から撮られたものにもとづいているか、によってちがいが生じてくるはずである。日本語は、話し手と聞き手が持つカメラから撮られたような映像をもとにことばが組み立てられ、英語はそれらの全体を舞台の上に乗せ、観客席に設置されたカメラで撮ったかのような映像にもとづいてことばが組み立てられる。だから、英語はより広い視界をもつから、その部分と全体の関係を表すために、空間構成や時間展開についての捉え方をあらかじめ共有しておくことが必要になる。すると、その言語の特性は映像的というより概念的なものになっていくのである。このちがいが、本書でこれから述べていくことになる、両言語の様々な文法のちがいを生み出したと考えられる。

## 共同注視の入れ子構造

共同注視を基本とする言語の構造が、日本語ではなぜ基本に忠実な形で発達し、英語ではなぜ基本から外れて発達したのか？　これは非常に重要な問題であるにもかかわらず、これまで、ほとんど議論されてこなかったように思われる。しかし、日本語と英語の根本を比較するには避けて通れない問題である。そこで、以下に、私の考えを示しておきたい。

日本語と英語の文の構造に大きなちがいが現れたのは、共同注視というものが、先に示した、図2－1のような基本形にもとづきながらも、それが複合化されて、図2－2に示したような、入れ子構造を成すようになるからである。

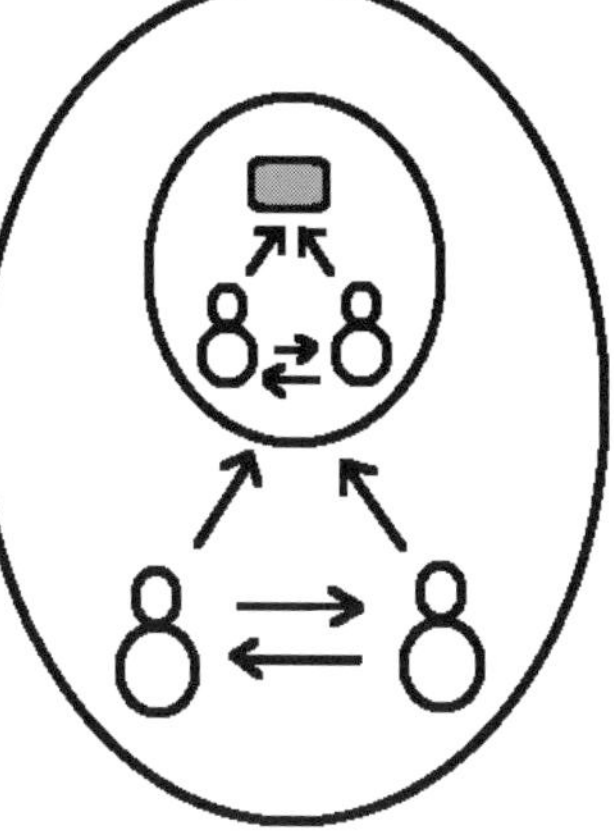
図2－2　共同注視の入れ子構造

人と人は、共同注視の対象を定め、かかわりながら、ことばを交わす。しかし、さらに、このようにして対象にかかわる行為自体を共同注視の対象として外側から見つめる視点ももっている。人は成長と共に、むしろこのような視点で物事を見つめることの方が多くなってくるだろう。また同時に、内側にいる人々も、そこで活動しながらも、外側からの視線を意識し、そこからどう見えるかを意識するようになる。人類が演劇というものを創造し、観客が舞台上の人物の活動に共感するのは、このようなしくみがあるからである。また、人や物に直接かかわっている当人が、自分の活動の流れを物語のように外から客観的に捉えることができるのも、このような共同注視の入れ子構造があるからである。この場合は、同じ一人の人間が入れ子の内と外に、心理的に二つに分かれることになる。つまり、人々は、内側の共同注視の視点と外側の共同注視の視点のあいだを行ったり来たりする。このことについては、日本語の話者も英語の話者も変わりがない。しかし、このうち、どちらの視点に重きを置いてことばが使われるか、によって大きなちがいが生じてくるのである。

### 入れ子の内と外による文の表し方のちがい

では、入れ子の内と外で、ことばの使い方はどのようにちがってくるのだろうか？　それぞれの場所で使われることばの例を見ながら考えてみたい。

例として取り上げるのは幼稚園でのお絵描きの場面である。一人の園児（太郎）が絵を描き終わり、それを先生に見せに行ったとしよう（図2－3）。この場面で表出されると考えられる日英の四つの文を示したのが表2－1である。

表中の①と②は、入れ子の内側、つまり、出来事の中で太郎と先生によって発せられたこと

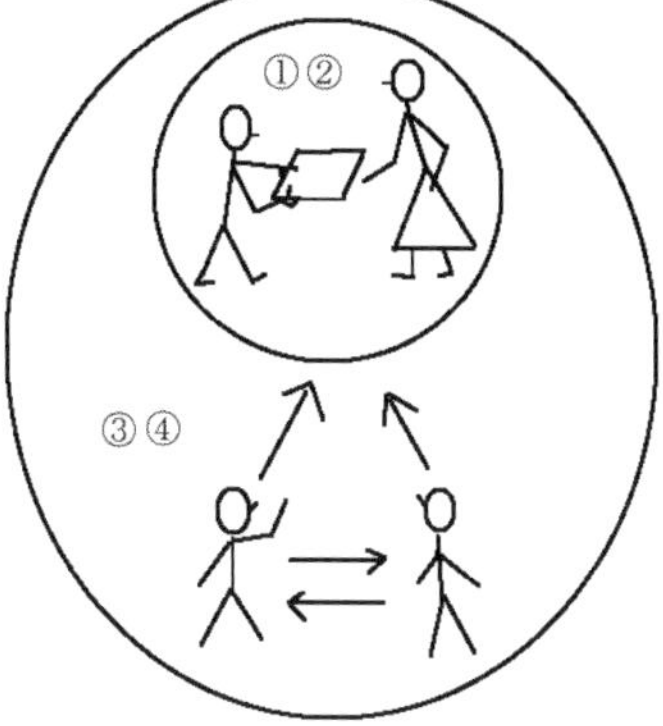


図2－3　共同注視の入れ子構造を成す一場面

表2－1　入れ子の内と外で作られる文の例（図2－3の各視点に対応）*

| |
|---|
| ①太郎：「絵ができました」　先生：「見せてちょうだい！」 |
| ②"I have finished drawing the picture." "Show it to me ! " |
| ③太郎が絵を描き終わり、先生に見せた。 |
| ④Taro finished drawing the picture and showed it to the teacher. |

＊下線部は、本文で取り上げる日英の文のちがい

ばである。日英の文を比較してみると、日本語文では、英語で表れている"I"が省略され、また、"it"と"to me"も省略されている。本章の冒頭で述べたように、そこには二人しかいないから、主語（I）は使われていない。また、受け取る側も、目の前のものをいちいち表すことば（it）は使わず、また、自分を指し示すことば（to me）も使っていないのである。しかし、英語はそれらを使っている。これは大きなちがいである。

次に③と④の文を見てみよう。これらの文は行為の当事者によって発せられたものではない。出来

事の外側から、ここでは他の園児が二人の様子を「ホラ、見てごらん！」ともう一人に声をかけて発したような種類のことばである。つまり、共同注視の入れ子の外側で発せられたことばである。

③の日本語文には主語（太郎）が表れ、行為の対象（絵）や相手（先生）も含まれている。つまり、①と②のときとくらべて④の英語文により近いものになっている。それは出来事の内側でなく、それを外側から見ているため、内部にあるものをはっきり特定しておく必要があるから、と考えられる。しかし、ちがいがないわけではない。見せる対象（it）が①と同じように省略されており、また、英語では二つの動詞がそれぞれ過去形になっているが、日本語では最後の「た」だけで出来事が過去であることを示している。また、時の表し方についてさらにいうと、②の英語文では"have finished"と、現在完了形が使われているのもちがいである。そして、②、④ともに絵に定冠詞（the）が付けられ、④では先生にも定冠詞が付けられているのも日本語とのちがいである。

以上のことから、出来事を入れ子の内と外から見るとき、日本語と英語には次のようなちがいが表れることが考えられる。

一、入れ子の内側で作られる文は日本語では省略が非常に多く、英語とかなり異なるものになる。
二、英語では入れ子の内側で作られる文も外側で作られる文とほとんど変わりがない。
三、入れ子の外側で作られる日本語の文は、英語に近づくが、内側の文の特徴をまだ残している。

大きく捉えると、日本語の視点は入れ子の内側に寄っており、英語の視点は外側に寄っている。では、なぜ、このような視点のちがいが表れたのだろうか？　まず、この問題をとりあげてみよう。

## 英語はなぜ入れ子の外の視点に重きを置いたのか？

コミュニケーションはもともと、人と人が共に何かにとりくみながら意思を交換するところから始まったわけだから、日本語のように、そこを基調にしながら、徐々に入れ子の外の視点も加えていく方が自然であるように見える。しかし、なぜ英語（そしてヨーロッパの諸言語）は、視点の中心を入れ子の外に移したのだろうか？

その理由は、人々の活動領域が広くなり、人と人との、さらには集団と集団との出会いが頻繁となり、語るべき世界の範囲が広くなったためと考えられる。このとき、広い世界のすべてについて一挙に語ることはできない。そこで、語るべき領域（舞台に相当する）を定め、その中で注目すべき人や物にスポットライトを当てていく必要が生じたと考えられる。また、そこにいる人物も、自分やその活動対象にスポットライトを当ててもらうために、それらを示すことばを明確にするようになったと考えられる。

もちろん、日本語の話者にも、このようなことが必要になる場面はある。たとえば、集団の前でのあいさつや会議の場面では自分にまつわる事柄をはっきりことばにしておかなければならなくなる。しかし、それは、英語の場合のように、ことばのルール自体を大きく変えるような結果にはならなかったと考えられるのである。

以上述べたように、英語の場合は、中心となる視点を入れ子の内から外へと移動するように大きく舵を切ったと考えられる。だが、その舵の切り方が大きかったことが、一方で、入れ子の内を語ることに制限を与えることにならなかったか？——この問題について考えるのもこの本のテーマのひとつである。

ところで、以上述べてきた問題については、最近、言語学者のあいだにも関連した研究が生まれている。それは、日本語と英語の視点のちがいを、以下のような対比的なことばで位置づけ、分析していくものである。池上（二〇〇七、二〇〇八など）の場合は「主観的把握」対「客観的把握」、濱田（二〇一六）の場合は「場面内視点」対「場面外視点」、尾野（二〇一八）

の場合は「体験的把握」対「分析的把握」、という位置づけである。

また、最も近いところでは、時吉（二〇一九）が、日本語は、「自分がカメラになって外の風景を映す言語」であり、英語は、「外から、もう一人の自分が自分を眺める言語」であると、本書と同様のことばを用いた説明をしている。

以上の考えは、近年、言語学の大きな潮流となりつつある認知言語学の中で生まれたものである（認知言語学の全体像を知るには西村・野矢『言語学の教室』二〇一三がわかりやすい）。私の考えは、この大きな流れから独立して生まれたものだが、結果的には類似したものになっている。しかし、以下の点で、それとはやや異なる内容を含んでいる。

本書の場合は第一に、発達心理学的な観点から、つまり、共同注視から始まり、入れ子構造へと発展する言語生成の過程の中で両者のちがいを追究している点で、やや異なる内容になっている。そして第二に、英語の視点を舞台を見る観客の視点と見なすことによって、出来事を外側から見て表そうとすると、具体的にどのようなことばの組み立てが必要になってくるか、を明らかにしようとしている。また第三に、英語がこのような視点とことばの組み立てをもつようになった結果、日英の文法のしくみにどのようなちがいが生じることになったか、を詳しく説明しているところも異なる点である。日本人が英語という異国の言語に接して大きな戸惑いを感じるのは、それが日本語とかなり異なる文法をもっているからである。そこで、日本語と英語の基本的な文法テーマをひとつひとつ取り上げながら、そのちがいの大元に、先に述べたような視点の大きなちがいがあることを示していきたいと考えている。

## 受け継がれた脳と作られていく脳

これまで述べてきたように、各言語には同じところとちがうところがある。同じところは、数十万年ともいわれる、言語使用の歴史の中で人類の脳の中に埋め込まれてきたものにもとづいている。それは、人と人が行動する中で共有すべき物や人や動きを表す単語をもち、それらを何らかの順序で並べるという能力をもつところである。また、単語を表す、何らかの音のシステムをもつというところも同じである。これらに対応する能力はあらかじめ人の脳内にセットされている。だから、そこに障害が起きると失語症が生じるのである。

このような言語セットをあらかじめもつ点ではどの国の人も変わらない。つまり、スタートラインは同じだから、どの国に生まれても、その国の言語を身につけられるようにできている。だが、その後のコースは言語によって異なる。そして、ある言語のコースを歩み始めると、それが脳に刻みつけられ、後戻りができなくなる。

脳の解剖学的な研究では、脳のシナップス密度のピークは八カ月〜一歳にあり、その後は少しずつ刈り込みがおこなわれることが知られている（Huttenlocker 1990 など）。つまり、人の脳の神経結合は乳幼児期にピークがあり、以後、新たな結合を作ることはそれまでと比べると容易ではなくなってくるのである。これは言語獲得についてもいえることで、最初に経験する言語にもとづく神経ネットワークは形成されやすいが、それに拮抗するものを後で付け加えていくのは容易ではない。日本語と英語のちがいは大きいから、英語習得のために日本人が付け加えなければならないネットワークも大きい。日本人は、この、日本語の場合とはかなりちがうネットワークの存在に気づくようになったから、最近、それに「英語脳」（まだ概念規定はない）という名を付けてイメージするようになったのではないか、と思う。

このことを日本語と英語の音のちがいに当てはめて考えてみよう。日本語のほとんどの音は、たとえば「さくら」（sakura）のように、ひとつの子音とひとつの母音から成る音の組み合わせによってできている。そこで、このようなシンプルな音の世界で生きてきた人間が、たとえば“school”のように音の組み合わせが変則的で複雑な語に出合うと、「スクウル」（sukuuru）と、自分の音の世界に合わせて聞き、また発音してしまいやすいのである。これに抗して、英語の音のまま取り込むことができるようになるには、最初からそれを身につけた人と比べて多大な労力を要することになる。

これは、英語の文法を身につける場合も同じである。日本人は、日本語の文法に合わせて世界を見、それにもとづいて考えている。だから、前章で例にあげたように、“The doors on the right side will open.”を“Door on right side open.”と、特に英語的な部分は無視して作文し直してしまいやすいのである。この習性は簡単には抜けにくい。しかし、それが起きる根本的な理由を知っておくことができれば、誤りをより早く修正することができるはずなのである。

ちなみに、子どもの言語獲得については、歴史的な研究の経緯がある。現代の言語学の主流を作ったチョムスキー（Chomsky 1965など）は、いま述べた、人が脳内にもつ生得的なシステムこそがことばを身につける上で最も重要であり、言語獲得装置（LAD）になっていると考えた。しかし、これに対して、発達心理学者、ブルーナー（一九八八）は、このシステムも、脳内にただ存在するだけでは働かず、共同注意が生まれる関係性がなければ、つまり、大人によって助けられる状況（言語獲得援助システム　LASS）がなければ発動しないことを示した。これは、本書を著す私が依拠する立場でもある。

ただし、以上述べてきたことは、初期の言語が発生するまでの時点についていえることで、万国共通の言語発達のみちすじである。しかし、その後、言語をさらに発達させていくためには、子どもに複雑な文法構造をもつ文を獲得させていく必要がある。そのことによって子どもは世界の見方と世界の表し方を学ぶのである。ただ、この文法構造には言語によるちがいがあり、また同時に世界の見方にもちがいが現れてくる。この、ちがいが現れてくる様相を、日本語と英語について明らかにしていこうとするのが本書の内容である。

# 3章

# 舞台を見つめる英語カメラ

## 子どもは絵の中に自分の姿を描き込む

前章で述べたように、日本語では「私」とか「あなた」のようなことばを省略することが多い。それは、話をするとき、お互いがそこにいることが前提となっていて、あえてことばにする必要を感じないからである。

だから、「私」や「あなた」を省略することは日本人にとっては自然であり、いちいち「I」や「ｙｏｕ」を口にする英語表現は馴染みにくい。しかし、ここで少し視点を変えてみると、ことば以外の方法で出来事を表すときには、「私」や「あなた」をいちいち示す方法をとっていることが多い。それは、たとえば、私やあなたの体験を絵で表す場合である。

図3－1は、私が長い間かかわってきた、福井大学附属特別支援学校の中学部の生徒が描い

図3－1　生徒たちが描いた絵

た絵である。絵の内容は、皆で協力して校庭にログハウスを作っているところである。この中にいる四人の中の二人が共同で描いたのがこの絵である。描かれた当人たちの視点についていえば、左上の生徒は木材とノコギリの刃先を見ている。屋根の上の生徒は取り付けている木の瓦を見ている。右の生徒はカンナをかけようとする木の面を見ている。また、ハウスの前の生徒は打ち付けようとする釘の頭を見ている。にもかかわらず、この活動を絵に表そうとすると、四人の姿がすべて絵の枠の中に収まるように手前から見たときの視界になっているのである。

だから、この絵は、四人の生徒が実際に見ていた景色ではない。しかし、自分たちの経験を絵で表そうとすると、その中に自分たちの姿を入れざるをえない。というのは、そこで表しているのは、自分たちが活動している様子を他の人に見てもらうためのものだからである。

実は、英語で話をする人は、これと全く同じことをことばを用いてしているのではないか、と思う。ことばも、聞き手に視覚映像を呼び覚ますものである。そして、その視覚映像の範囲が大きければ、その中に自分や共に活動する人の姿も入れておかなければならない。このように考えると、英語の文に「I」や「you」が省略されずに入っているのは自然なことなのである。

以上をまとめると、日本語は、会話する「私」と「あなた」が見ている世界を、ことばでお互いのあいだで了解できる映像にして、言い表している。だから、私とあなたに相当することばは省略されやすい。一方、英語は、私や私たちの経験を他の人たちが見てわかりやすいように言い表している。だから、「I」や「you」が必ず含まれる。ということは、この両方のやり方は共に自然なのであり、だから、それぞれの言語が、そして、実は地球上のほとんどの言語が取り入れている二つの方法なのである。

## 英語カメラはどこに置かれているのか？

ここで、もう一度、図3－1のログハウス作りの絵に戻ってみることにしよう。先に述べたように、そこには同じような大きさの生徒たちが描かれており、絵の作者は、自分の姿だからといって、特に大きく描いてはいない。そこには、多くの生徒たちが参加した出来事の全体を表しておきたい、という意図があったはずである。だから、これが絵でなく、カメラで撮った写真だとしたら、そのカメラは、皆の姿が収まるような、少し離れたところに位置していたはずである。この絵の作者は、そのような位置から見たときの、皆の中に位置する自分の姿を描いたと考えられる。

これと同じことが、この本で想定している英語カメラにも当てはまる。英語カメラは、話し手が伝えたい出来事の全体像を見ることができるような位置に自らを置き、それをことばで言い表そうとしている、と考えられるのである。

## 英語カメラは舞台をセッティングする

だが、英語カメラにも本当のカメラとはちがうところがある。本当のカメラは、いま目の前にすでにある景色を、そのまま写真やビデオにすればよい。ところが、英語カメラは、ただ写し撮るのでなく、ことばを組み立てることによって映像を新たに作り上げていかなければならない。ここがむずかしいところだが、しかし、こういう方法をとっているからこそ、もはや目の前にない過去の映像を再現したり、まだない未来の映像を組み立てたりすることができるのである。

では、その組み立て作業をどこでやればよいのだろう？　その答えになるのが、頭の中にセッティングされた舞台という場所である。実際、人々は、皆がよく知る過去の出来事や、これから起きるかもしれない未来の出来事を舞台の上に作り上げて鑑賞してきた。それと似た作業を、英語ということばもしているのではないだろうか。

では次に、その作業はどのような順序でおこなえばよいのだろうか？　それも実際に舞台を作るときと同じである。スタートの時点では、目の前にただ空っぽの舞台があるだけである。つまり、ゼロから出発して、そこにいろいろなものを置いていくのである。

ところで、日本語も、話をするとき、ことばを新たに組み立てていく、というところは同じである。しかし、日本語は、話し手と聞き手がすでに共有している比較的狭い範囲の映像を引き継ぎながら、それを組み立て直していく場合が多い。これに対して、英語は、比較的広い範囲の映像を新たに作ることを前提にしているから、あらかじめ舞台に相当する空間を用意しておくことが必要になるのである。

図3−2　英語監督が作る物語の舞台

## 足し算の文法を操る英語カメラ

つまり、英語の文を作るということは、舞台の監督になるのと同じことなのである。監督は、舞台の上に次々に人や物を置いてゆき、そこに、観客にとって見やすくわかりやすい世界を作り上げようとする。それと同じことを英語カメラもしている。そこで、このような作業をとりしきる者のことを、わかりやすく示すため、図3−2に示したように英語監督と呼んでみることにしよう。

この英語監督の仕事は、主に足し算にもとづく作業である。というのは、それは、最初は空っぽの台の上にひとつずつ人や物を置き、その数を増やしていく作業だからである。この作業を進めながら、英語監督はつぶやく。

「ここに王を置いて、隣に王妃を置いて、横には兵士たちを、……さて何人置こうか？……また、その数に合わせて槍も必要になる……」

こんなふうに、あるスペースに人や物を配置していくときには、その数がいくつなのか、を決めておくことが必ず必要になる。だから、英語では、単数か、複数か、についての意識が強いのである。

そして、監督はまたつぶやく。

「ところで、この物語では、王子の存在が重要になる。王子をいつ登場させようか？　このシーンにはいないが、過去のある時点で登場したことにしようか。それとも、後で登場させるか？　いや、あるいは、先ほど登場したばかりで、いま、このシーンの中にいることにしようか？……」

こんなふうに、英語監督は、舞台に人物を足していくタイミングに悩み始める。そこには、王子が現れる三つのタイミングがあった。第一は過去で、第二は未来で、第三は過去から現在に引き継がれるタイミングだった。それらは、ちょうど、英語の過去形（The prince came）、未来形（The prince will come）、現在完了形（The prince has come）に相当する。

以上のように、監督の視点で舞台を管理し始めると、シーンの後先が非常に気になるようになる。これが、英語は日本語よりも時間表現にこだわる理由になっているのではないか、と思う。

## 英語世界は舞台を中心にして回る

ところで、この章では、私が1章で日本人が見落としやすい英語の側面として紹介したもの、つまり、単数複数の区別、時制の表現、冠詞の使用のうち、最初の二つを英語監督の仕事と重ねて説明してきた。では、最後のひとつ、冠詞について、監督は何をしているのだろうか？

彼は、こんなふうにつぶやきながら、作業を続けているかもしれない。

「そうだ、これに続くシーンでは、商人か旅人を登場させることにしよう！　だが、どちらを先に？……この物語の前半では、もうすでに商人を登場させているぞ。その彼を……あるいは、ここで旅人を登場させようか？……」

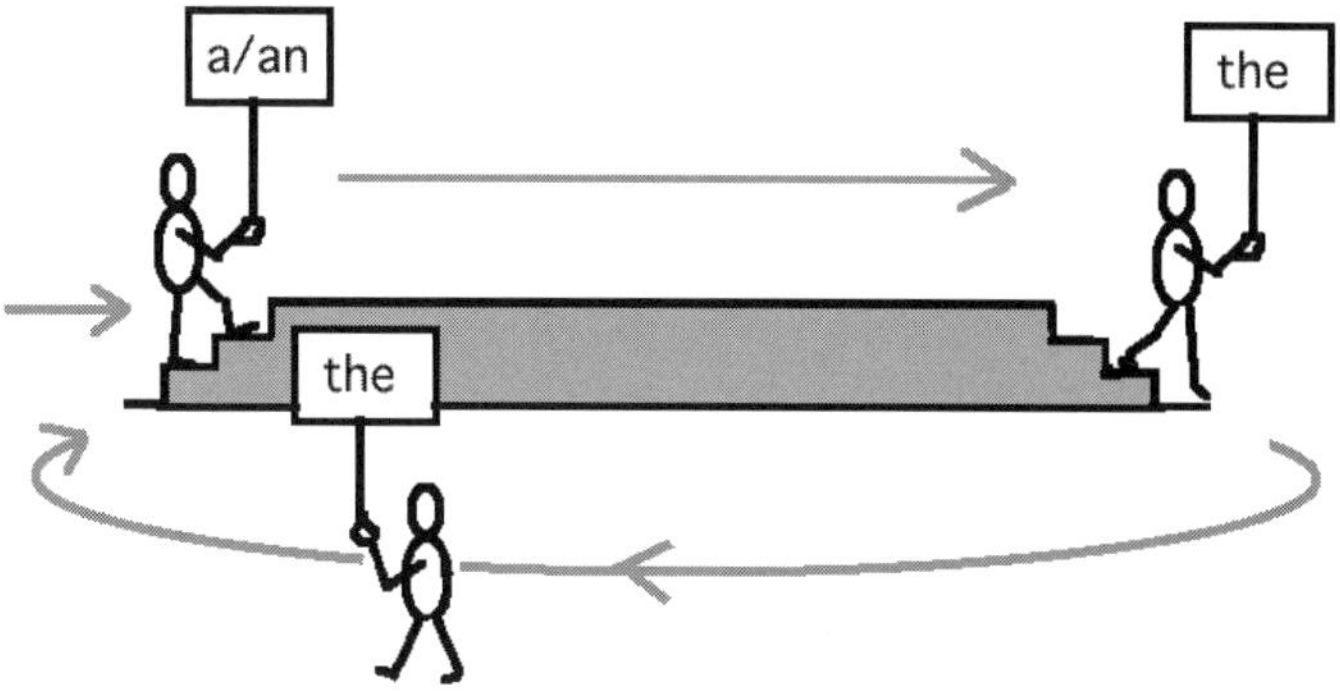


図3－3　a/anとtheと舞台の関係

そこで彼は、メモしてきた登場人物のリストを取り出し、眺め始める。そして、すでに登場した人物には「ｔｈｅ」という符号（定冠詞）を、全く新しい人物には「ａ」または「ａｎ」という符号（不定冠詞）を付けておくことにするのである。

つまり、英語は、絵にすると、図３－３のような冠詞のしくみをもっているようである。ある人物が舞台に初めて上がったときにはａまたはａｎである。しかし、舞台上で監督にその存在が認知され、登録されるとｔｈｅに変身する。そして、再び登場するときにはすでにｔｈｅになっている。なお、すでに登場していても多数の中に紛れていて、あるとき、行動を起こして初めて存在が認められるときはａやａｎであり、その後はｔｈｅになるのである。

冠詞の使い方は日本人には非常にむずかしい。1章で私は、"The doors on the right side will open." のtheを電車空間の中の設定された場所に収めることができるものに付けられる、と解釈しておいた。しかし、これには別の説明も可能である。

電車に乗った人は、もう「電車」という物語の乗客になっている。そして、電車物語の舞台には、あらかじめ、座席やドアや前後左右に位置する場所が登録されている。だから、登録情報にもとづく「右側」や「ドア」にはｔｈｅが付く、と考えることもできるのである。

## なぜ告白がカミング・アウトになるのか？

ところで、私には、英語に関して、ピンとこないまま現在に至ってしまった問題がたくさんある。そのひとつが、自分の胸の内にあるものを人々に明かすことを「カミング・アウト」(coming out) といい表すということである。これは、性同一性障害のような社会的少数者であることを明かすときのことばとして最近ではよく使われる。また、私の専門分野と関連するところでは、軽度の自閉症や知的障害をもつことを告白して周囲の理解と協力を得るべきどうか、という判断を迫られるときによく使われることばとなっている。

カミング・アウトは、このように、いまでは日本人もよく耳にするカタカナ語になっている。しかし、私は、このことばを耳にするたびに納得できない思いを抱いてしまう。告白する内容は、長いあいだ心中にあったことで、それが初めて外に出ていくのに、なぜ、「ＧＯ　ＯＵＴ」

でなく「COME　OUT」なのか？　この疑問も、「英語は舞台を中心にして回る」と考えることで、やっと解消させることができた。

日本語は、2章で述べたように、自分の視点で見ている世界をことばにして表す。そして、自分の視点を作っているのは自分の内面である。そう考えれば、内面を吐露するのは外に出す行為であり、"going out" させる行為であるように感じられる。ところが、これは、日本人的な発想で、そうはならないところに英語の神髄がある、とやっと気づくことができたのである。

日本語世界は話し手の視点を中心にして回る。これに対して英語世界は、人々が立っている、その舞台を中心にして回っている。だから、告白とは、その内容を舞台上で見えるようにすることなのである。

### 「いま行きます」が "I'm coming." になる理由

英語で "come" が重要なことは、他のケースにも表れている。人に呼ばれて「いま行きます」というのを英語にするとき、日本人は日本語を直訳して "I'm going." といってしまいやすい。"I'm coming." が正しいのだが、そう発想しないところに、やはり日本語に特有の視点があるのである。

これら日英の言語表現は、日本語の自分カメラと英語の観客カメラの特性をよく表している。

図3－4　自分カメラと観客カメラの異なる視点

そこで、二種のカメラとそれらに対応する二種の文が示す状況を図3－4に表してみた。

これは、食事の準備ができたといわれて、当人がそこに向かうことを言明した場面である。自分カメラにとっては、いまいる自分の場所が起点で食卓に向かうから「いま行きます」となるのである。だが、観客カメラにとっては事情が異なってくる。当人がなぜ食卓に向かうのかというと、そこで皆と一緒に食事をするためだから、そこがこの出来事の舞台になる。観客カメラは、その舞台に当人が入ってくるところを撮ろうとしているわけだから“I'm coming.”になるのである。

# 4章

# 引き算（省略）の日本語と足し算の英語

## 省略を許す日本語と許さない英語

これまで述べてきたことから、日本語は会話の中で大幅に省略を許す言語であるといえる。それは、話し手と聞き手の共同注視のもとで話を進めることを基本にしているので、共同注視が成立し、共有されたものは省略されていくからである。また、話し手と聞き手が二人きりの状況で会話を始める場合は、お互いが現に向かい合っているわけだから、最初から「私」と「あなた」に相当することばは省略される。

これに対して英語は、前章で述べたように、舞台を作り、その上に何があるか、また、その中の何に注目すべきかをいちいち確認しながら話を進めていく言語である。つまり、日本語は、話し手（または書き手）と聞き手（または読み手）のあいだの共有を重視し、英語は、客席から舞台に臨む、多くの観客たちのあいだの共有を重視しているといえる。また、このことから、その視界は、1章でも述べたように、日本語では空間的に比較的狭く、英語では比較的広いといえる。

では、日本語は、省略が多く比較的狭い視界をもつので、多くを語れない言語かというと、そうではない。省略が多いのは、すでに共有したことはいちいちいわず、それを前提にして話を進めようとするからである。たとえば、「うん、それはわかった。じゃあ、こっちはどうだろう?」というように。このように、二人のあいだで視界を切り替え、話をどんどん先に進めていく特性を日本語はもっているのである。

### 場を変え、見て回る日本語

いま述べたように、日本語の視界は比較的狭い。では日本語は、ごく狭い範囲のことしか語れないのか、というと、そうではない。語り手が自分カメラを持ち、次々に移動しながら、そこに映る景色を変えていくことができる。つまり、比較的狭い映像を動かしていくことによって、結果的には広い範囲の景色を捉えるしくみをもっているのである。これは、日本語カメラがモバイルカメラであることの結果である。

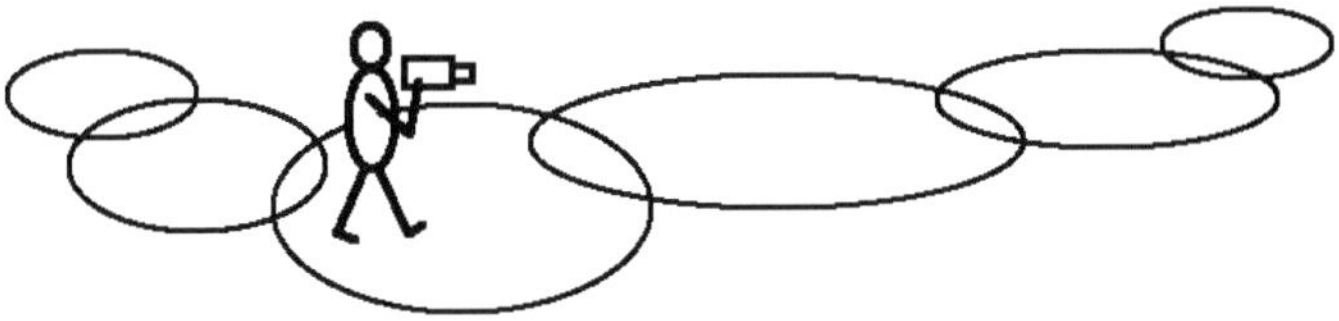

図４－１　回遊式庭園をたどる様子

橋を渡り、古い街並みをしばらく歩き、角を曲がると、そこに陶器店があった。

日本語で構成される、このような文は、行為とそれに伴って現れる感覚の連鎖があるだけで、それが過去に属するものであることは、最後の「あった」に行き着くまでわからない。だが、そのために、読み手は、その時々の書き手の感覚に、あたかも横について歩いているかのように付き合うことができるのである。

このような日本語のしくみは、日本人の感性全体に影響を及ぼしているのではないか、と思う。これは、この本の最終章の、日本文化に関するところでも触れることになるが、日本の庭園様式の中に回遊式というものがある（篠原編 一九九八）。回遊式庭園のしくみは、これがこの庭園の姿だ、と一目で全体像を見せるようにはなっていない。見え隠れし、各視点から見える景色の連続こそ、その庭園というものなのである。それを日本語の自分カメラを用いてたどる様子として表すと図４－１のようになるだろう。

だから、これを、ことばのしくみに戻して考えると、日本語は、英語に想定されているような、広い舞台というものをあらかじめ作っていない。日本語にとって重要なのは、その時その時の足場から眺望できる景色であり、それは移動と共に新しい姿を現す。

## 「ある」を確かめる日本語と「持つ」を確かめる英語

このように、日本語は、回りの世界を歩き、どこに何があるかを探索する。そして、この日本語の特性は、私たちが英文を作ろうとすると、またしても、英語の特性と衝突することになる。これは英語の学習書によく出てくる問題だが、たとえば店に入り、「サンドイッチはありますか?」と聞くのを、日本人は "Are there sandwiches?" と英訳してしまいやすい。しかし、この場合は、"Do you have sandwiches?" と聞くのが正しい。なぜかというと、英語の舞台は比較的広く、その内部にある物を所属によって区分しようとしているからである。

前章で、私は、英語のしくみを英語監督が、舞台に様々な人や物を置いていく、つまり、そこで加算の作業をおこなう様子として説明した。そして、ひとわたり、その作業が終わると、今度は、人々に様々な物を所有させることで加算作業をさらに進めていくのである。たとえば、こんなふうに。

「さて、王には息子が一人いることにしよう。そして王妃の目は青く、ブロンドの髪をしていることにしよう……」

これは、"The king has a son." や "The Queen has blue eyes and blond hair." というような英文となって現れるだろう。そして、この所有の関係は、人だけでなく物にも及び、"The room has two doors."（その部屋にはドアが二つある）というように、やはり所有を表す表現が多く用いられることになる。なお、所有を表すことばはｈａｖｅだけでなく、"a girl with blue eyes" のように、ｗｉｔｈを用いた表し方も多用されている。このように、舞台上に登場人物や大道具、小道具を増やしていくのである。

### 英語の基本動詞がもつ足し算の働き

ところで、私の場合は、英語を学び始めてからほぼ十年ごとに英語熱がやってきて、そのたびに新たに英語の学習書をたくさん買い求めることになった。それらの本のタイトルを見ると、「英語は～個の基本動詞」というようなものや「Get と Give だけで英語は通じる」（松本 一九九八）とか「英会話はＨＡＶＥだ」（西村 一九八八）というようなものが目にとまる。読んでみると、英語には確かに数少ない動詞で文を作ることができるしくみがあるようである。

英語に関する、このような主張の源流は、一九三〇年代に英国でベーシック・イングリッシュ（Basic English）の運動を始めた心理言語学者、C・K・オグデンにあるのではないか、と思う（Ogden 1979, 室・小高 一九八二ほか）。ベーシック・イングリッシュとは、英語圏以外で生まれ育った人々が英語を学ぶ上で必要となる単語をわずか八五〇語にまとめたものである。また、そのうち動詞はわずか一六語になっている。

表4－1　BASIC ENGLISHの基本動作語

| | | | |
|---|---|---|---|
| BE | COME | DO | GET |
| GIVE | GO | HAVE | KEEP |
| LET | MAKE | PUT | SAY |
| SEE | SEEM | SEND | TAKE |

そこで、この基本中の基本である一六の動詞（ベーシック・イングリッシュでは基本動作語と呼ばれる）を表4－1に示しておくことにする。このリストを見て気づくことは、それがこれまで述べてきた、舞台を中心にする英語のしくみと深く関係していそうなことである。まず、舞台への登場と、そこからの退場を意味するCOMEとGOが含まれている。それから、さらに注目すべきことは、全体の半数を占める、GET、GIVE、KEEP、MAKE、PUT、TAKE、HAVE、SENDの八つの動詞の存在である。

これらの動詞に共通するのは、図4－2に示したように、舞台上に何かをプラスする働きをもっていることである。HAVEとKEEPは、ある人物のもとに何かをプラスしておく働きをもつ。また、GETとTAKEは、何かを外部から取り入れ、自分のもとにプラスする働き

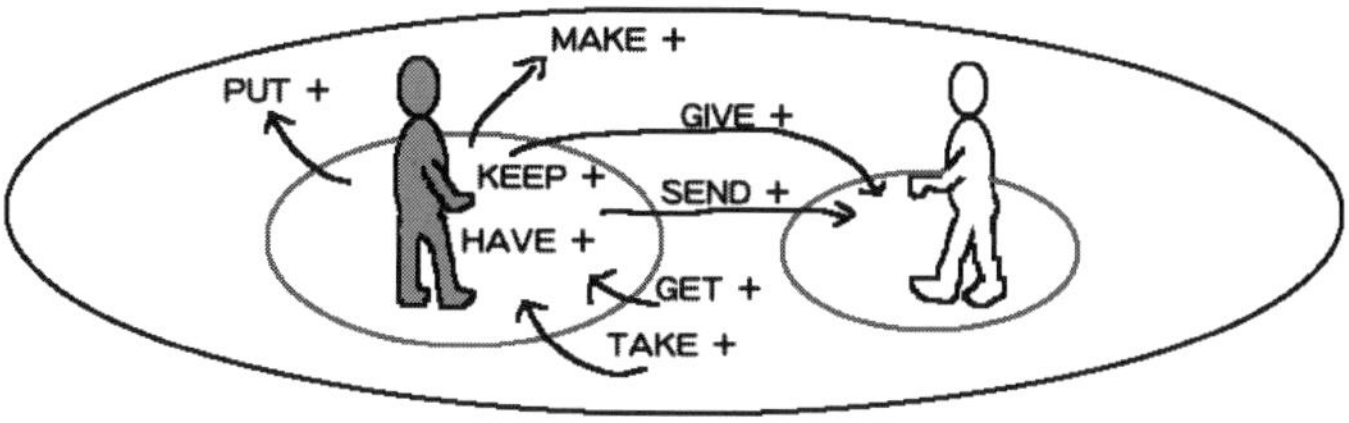


図4－2　基本動詞のプラスしていく働き

をもつ。そして、GIVEとSENDは、他の人物に何かをプラスさせる。さらに、MAKEとPUTは、舞台上に何かを作り上げてプラスしたり、そこに配置したりすることを意味している。

英語では、人がする様々な行為が、これら数少ない動詞に置き換えて表される。たとえば、"have" の場合、"have a cold"（風邪を引く）"have a seat"（座る）"have a trip"（旅行する）"have a sleep"（眠る）"have a drink"（飲む）など、一部を取り出してみるだけでも、その活用例は多いのである。また、これらの基本動詞は、名詞に結びつくだけでなく副詞にも結びつき、たとえば、"give up"（あきらめる）"make up"（化粧する）"take out"（持ち帰る）"take off"（離陸する）のような多様な動作を表すことばを作っている。これらは、限られた数の語の組み合わせで多数のことばを生みだすためによく使われ、日本人にも知られるものになっている。

## 人・物・事を等しく舞台の構成要素にする英語

さらに、これら基本動詞は、日本人には考えられないようなことばの使い方を生み出すことになる。たとえば、次のようなケースがある。

"I have no idea."（わからない）

"I'll take my uncle to the airport."（叔父さんを空港まで送る）

まず、最初の文について。日本人にとって、わからないものは実体がなく、つかみようがないわけだから、それを持つ（have）というのは違和感をおぼえる。しかし、英語の舞台上には、様々なアイディアが入る容器が用意されているのである。そして、この場合は、私が持っているアイディア・ボックスの中は空っぽだ、ということをいいたいのである。また、第二の文は、人を荷物のように抱えて移動させるかのような表現だから、日本人にはやはり違和感がある。しかし、舞台管理の視点では、あるものを場所から場所へ移動させるという点で、人も物も変わらないのである。

日本人にとっては、人と物は別々の世界を作っている。物は遠慮なく見て触ることができるから、動作対象として、持ったり、移動させたり、作ったりすることができる。しかし、魂の通った人については、そんなふうに簡単に扱ってはいけないように感じる。

しかし、このように感じるのは、日本人は自分と相手を出来事の中心に置き、お互いの心を気づかいながら話を進めているからである。すると、心をもつ人間については、他のものと同じように表すことができなくなる。その表れが敬語の使用である。先の例の和訳では「叔父さん」ということばが敬意を示している。また、「送る」も、さらに敬意を込めたければ「お送りする」に書き換えられる可能性をもっている。

一方、英語の話者が人の中に心を認めていないわけではない。しかし、英語カメラは舞台から距離を置き、その全体を捉えているから、その場の配置や動きを客観的に表そうとすると、とりあえず、人も物も舞台を構成する要素として同じように表した方が都合がいいのである。

そこで、英語監督は、このような観点から再び独り言をいい始める。

「そうだ、この男は、こんな野望をもっていることにしよう。そして、もう一人のこの男を相棒にして、こんな事件に巻き込まれていく……」

英語監督は、人々を将棋の駒のように盤上で動かし、そこに出来事を展開させていくことになる。

英語は、その世界にいる人々を、このような思考モードに徐々に導いていったともいえる。天体望遠鏡で見るような大きな世界も、顕微鏡で見るような小さな世界も舞台上に乗せ、そこにあるものを観察し、動かしてみる、という方法によって、西洋世界は科学を発達させてきた。そして、これは、私が専門とする、心理学という、人についての科学にもいえることである。ただし、これは全体を見る上では優れた方法だが、出来事の内部にいる具体的な人の世界については捉え切れていないところがあるかもしれない。だから、この問題については、この本の8章と最終章で再び取り上げることにしたい。

## 「日本語に主語はいらない」だろうか？

いま述べたように、英語は舞台上に多くの人がいて物がある、という設定だから、その中の誰が何に対して何をしたのか、ということをいちいち述べておかなければならない。一方、日本語は、すでによく知り合っている人同士が何かをしながら語る、という設定のもとで作られたことばである。だから、二人がすでに何かに取りかかった後で、あらためて「私は……」とか「あなたは……」とか「これをこうします」などといいだすのは不要なことである。いちいちそんな確認をするのは認識不足を示すことで、相手に対して失礼なことになる。だから、当人同士のあいだで既知のことはできる限り省くようにできている。そのため、たとえば、「ずいぶん遠いんだね」とか「急いで！　間に合わなくなるよ」というような省略的な表現が頻繁に用いられるのである。

このように日本語には、ことばを削っていく働き、つまり引き算をするしくみがある。では、どこまで引いていくことが許されるのだろうか？　省略しやすいのは、「私は」とか「あなたは」とか「太郎は」というような、主語に相当することばである。では思い切って削り、ゼロにしてもよいのだろうか？

実は、これに関しては、日本語ではそもそも主語というものは必要ないのだ、と唱える説がある。『日本語に主語はいらない』と題する本の著者（金谷 二〇〇二）の説であり、その源流は、日本語について画期的な視点を提起した三上章（一九六〇など）の考えにある。これらは、英語や西洋諸語とは異なる日本語のしくみを打ち出した点で優れたものだが、主語不要と唱えることについては疑問を感じる。

日本語でも、たとえば「伊藤さんが明日の朝、東京に発たれます」というように、第三者の行動を表す場合には主語は省略しない。この場合は、出来事を外側から見ているからである。すると、出来事を起こした主体、行為、対象、状況などを明らかにしておくことが必要になる。つまり、日本語は、出来事の内側に視点を置いて語ることを基本にしているから主語の省略に対する許容度が高いが、視点が明らかに外側にある場合にはそれが許されなくなるのである。

日本語の主語はことばとして表に現れる範囲では英語のように主要なものではない。また、英語のように、次に来る動詞の語形変化を生みだす、というような文法的な拘束力もない。しかし、意識の上では注目され、話の前提となり、会話の中心となるものである。だから日本語にとって、主語は構文の上で英語ほど重要でないが、意味の上では重要なものである。だから、「主語」ということばを用いるのはあながち間違いではない、と考えられるのである。話の中で重要なものが、英語では言語空間にプラスされることによって確認され、日本語では省略されマイナスの処理をすることで確認されているのである。

なお、英語の場合でも、親しい者同士の会話では、"Looks good!"（きちんというと、"It looks good!"になる）というような、話題としている物について省略的な表現を用いることがよくある。英語は出来事の全体を遠くから見ることを基本にしているから主語省略の許容度は低い。しかし、このように、身近な者同士が身近な事柄について述べるときには省略が許され、また、それはお互いの注意の共有レベルが高いことを示すのである。

すでに2章で述べたように、言語は、共同注視の関係の中で発生するが、その構造は入れ子の構造をもつようになる。だから、どの言語の話者も、入れ子の内側の視点（自分カメラ）で話したり、外側の視点（観客カメラ）で話したりする。しかし、どちらの視点を基本にするかによって文法の体系が異なってくるのである。

# 5章

# 一、二人称的な日本語と三人称的な英語

## 一、二人称的な視点と三人称的な視点

日本語は話し手と聞き手の視点にもとづき話が進むから、そこでは、一、二人称的な世界が繰り広げられる。たとえば、「ちょっと見てください」「えっ、どれですか?」というような、当事者同士でないとわかりにくい会話が多くなる。一方、英語は、観客の視点で舞台上の人々や物の様子を述べていく。だから、そこで語られるのは第三者が演じる世界についてである。

ただし、もちろん、英語でも、話し手は自分のことを「I」といい、相手のことは「you」というから、それも一、二人称の世界ではないか、と反論されそうである。しかし、英語の場合は、これまで述べてきたように、「I」といい、「you」といいながらも、その会話を第三者の姿として観客に見せるようなしくみをもっているのである。

たとえば、ここにケンカをしている日本人の夫婦がいて、そこに仲裁人が入ってきたとしよう。すると、夫婦は仲裁人の前では、こんないい方をすると考えられる。

「僕は、君に、今日は仕事だといっておいたはずだ」

「そんなことはないわ！　あなたは何もいわないで今朝出て行ったのよ！」

日本語でも、このように、仲裁人の前では、いつもの日本語らしくなく、「僕」や「君」や「あなた」をきちんと含んだ、省略のない文で会話が交わされる。それは、仲裁人の目から見て、自分たちが第三者の姿として客観的に映るようにしているからである。そして、これは日本語にとっては特別な場合だが、英語では常時おこなわれていることなのである。英語は、一、二人称的な関係も他の人から見て三人称的なものとして映るように作られている。それは、西洋の教会でおこなわれる結婚式で、新郎新婦が牧師や参列者の前で宣誓する、やや形式ばったことばにも通じるものである。もちろん、それは、日本の教会で挙げられる、西洋式を見習った、日本人の新郎新婦の宣誓文でも同じである。

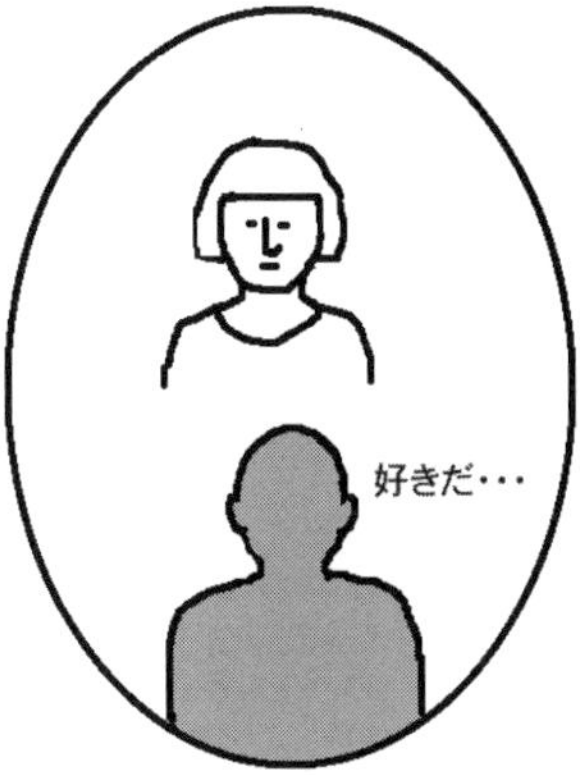


図5－1　日本人の愛の告白

図5－2　英米人の愛の告白

## アイ・ラブ・ユウはなかなかいえない

日本語と英語の言語感覚のちがいは、日本人と英米人が「アイ・ラブ・ユウ」ということばについて抱く感情に特に強く表れているのではないか、と思う。英米人は、このことばをためらいなく日常的に使う。しかし、日本人にはかなりハードルの高いことばである。

　日本人の愛の告白は、図5－1のような状況を作るところから始まるのではないか、と思う。そこは密室のように、他に人がいない場所で、告白する者とされる者しかいない。他には誰もいないから、ただ「好きだ」とつぶやけば十分なのである。

　ところが、英米人の告白は、図5－2に表したように、Ｉもｙｏｕも含む、きちんとした構文で述べられる。だから、実際には、そこに観客はいなくても、いる時と同じ客観的なことばで愛は宣言されるのである。これをそのまま日本語に訳せば、「僕は君を愛する」というような文になる。

しかし、これは日本人にはなかなかいえないことばである。そこには一般に「照れ」と呼ばれている感情が湧き出てくる。そこには自分と相手しかいないのに、わざわざ「僕」とか「君」というのは、自分の気持ちを伝えているのに、まるで他人事のようないい表し方だ。それに、自分の個人的な感情を、英語の翻訳と思われる「愛」などということばに当てはめるのは釈然としない。

アイ・ラブ・ユウをどう日本語に訳すか、については、ある伝説的な逸話がある。日本の国民的作家である夏目漱石が、弟子からそれをどう訳すべきか、と聞かれたとき、「月がきれいですね、とでも訳しておけ」といったそうである。本当にこんなやりとりがあったかどうか、についてはどこにも記録がない。しかし、こんな逸話が出回ったのは、それだけ、アイ・ラブ・ユウは、日本人には取り入れにくいことばである、ということなのである。

ちなみに、全四九作に及ぶ、日本映画の人気シリーズ、『男はつらいよ』では、私の知る限り、少なくとも二回は、主人公の寅次郎に「いい月ですね」といわせている。この映画シリーズでは、毎回、寅次郎がマドンナに恋をするが、思い切ったプロポーズができない。そして、別れ際に、ふと夜空を見上げ、もらしていたのがこのことばなのである。

## アイ・ラブ・ユウへの日本人の特別な思い

アイ・ラブ・ユウはなかなかいえない。しかし、だからこそ、日本人はこのことばに特別な思いを寄せている。いま、この数十年のあいだに作られた日本の歌のタイトルについてネットで検索してみると、アイ・ラブ・ユウを含むものが二〇〇から三〇〇にまで及ぶ。日本人は、「私はあなたを愛する」と、これに相当する日本語を口にしにくい。しかし、その関係性は内にもっている。だから、それをより表しやすい英語の形を借りて歌にしているといえるだろう。

何度もいうように、日本語は、一、二人称的関係、つまり、私‐あなた関係を基礎にしており、話の内容を人々が見守る舞台の上に乗せるような形はとらない。しかし、これには、「通常は」という但し書きを付けておかなければならない。日本人も、強い決意のもとで、ある方向に向かおうとするときには、いつもは省略している一人称を用いて、自分を表舞台に立たせるのである。ただし、そのときの観客は、自分をそこに押しやった自分自身ということになる。このことは、「僕の前に道はない　僕の後ろに道は出来る」で始まる高村光太郎の詩、「道程」や「我は行く」を何度も何度も繰り返す、谷村新司の「昴《すばる》」の歌詞などに表れている。

そして、もう一つ付け加えておきたいのは、"I love you." をそのまま訳せないとしたといわれる夏目漱石も、作中人物をある険しい局面に立たせるときには、彼らに、「私」と「あなた」をはっきり表すことばをいわせていることである。漱石の『それから』の主人公、代助は、かつて深い愛を感じながらも、三千代を友人の平岡に譲る。しかし、何年もの時を経て、彼女に胸の内を吐露しないではいられなくなる。これは、そのとき、代助が口にしたことばである（夏目 一九八五）。

「僕の存在には貴方が必要だ。どうしても必要だ。僕はそれだけの事を貴方に話したい為にわざわざ貴方を呼んだのです」

わずか、これだけのことばの中に、「僕」が二回、「貴方」が三回出てくる。二人きりの場面で日本人が口にすることばとしては、これは異例のことである。しかし、自分たちを大きな困難の方へ向かわせるとき、日本人も、このようなことばを発することがあるのである。

## フランス人による日本的恋情の発見

だが、これとは逆に、日本的な愛の表現が特別な意味を成す場合もある。それは、西洋人が日本人の省略的な表現の中に自国にはない恋情の形を発見するときである。

それは、フランスで新しい日本学を打ち立てた、オギュスタン・ベルクの経験の中に表れている（ベルク 一九九四）。彼はパリ東洋語学校で日本語を習い始めた頃、ある日本映画のシーンを見て衝撃を受ける。それは、戦時下の病院内の一シーンだった。男性医師は危険が迫る中、持ち場を離れようとしない女性看護師にその理由を聞く。すると、彼女は、医師の方に目を向けることなく、ただ、「好きです」とだけ口にしたのだった。

そのとき字幕には、フランス語で“Je vous aime.”と、英語の“I love you.”に相当することばが表示されていた。ベルクは、この字幕と、日本女性の「好きです」のひとことのギャップに驚きを感じ、また、感動したのである。ベルクは西洋的な環境の中で育ったから、愛を告げるときに主語（ここでは、“Je”）と目的語（ここでは、“vous”）を含む文を作るのが当然と考えていた。ところが、画面の中では、相手を見ることもなく発せられた「好きです」のひとことが十分に愛の表現になっていた。そこに、西洋とは異なる恋情のあり方を発見したのだった。

この、主語も目的語も省略された日本語が通じるのは、そこに、話し手と聞き手が作ってきた文脈があるからである。そして、ここで、多くの語を省略できることは、それらなしでも十分に通じる文脈の存在をむしろ強め、確認することになる。ベルクは、この恋情表現の形を発見して感動したのだろう。

ただ、以上のようなことがある一方で、漱石の『それから』に表れた代助のことばのように、同じ日本人も、互いが作ってきた文脈を新たにしていくときには、省略してきたことばたちを復活させることになる。このように、日本語は、一方で省略という方法を強めることによって、また、他方で、省略を解き、ことばを復活させることによって、一見、同じに見える事実の話し手と聞き手にとっての意味合いを大きく変えることができるのである。

## 人称代名詞を一本化しなかった日本語

ところで、この章では、日本語には「私」「あなた」「彼／彼女」などの人称代名詞というものが英語と同じような形で存在することを前提に、それらが消えたり表れたりすることについて述べてきた。しかし、実際には、そのあり方は英語とはかなり異なるものである。

たとえば、一人称に相当する「私」は、「僕」「俺」「うち」「我れ」「手前」などに置き換えられるし、二人称に相当する「あなた」は、「君」「おまえ」「あんた」「貴様」などに置き換えられる。さらに、三人称に相当する語は固有名詞や役職などで表されることが多く、「彼」が広く使われるようになったのは明治以後であり、「彼女」は、そのとき、「彼」から分化して表れたのだった（『日本語源大辞典』前田監修 二〇〇五より）。

一方、英語では、一人称単数は「I」だけ、二人称単数は「you」だけ、三人称単数は「he／she」だけであり、西洋諸語も、ほぼこれと同じしくみになっている。このような状況を見ると、日本語では、英語に見られるような人称代名詞は未確立だった、といわざるをえない。それはなぜだろう？

日本語では、話し手と聞き手が、自分たちの、個々具体的な関係性を踏まえて会話を進める。だから、人称代名詞は省略されやすく、また、表す場合も、敬意や親しみのような、特定の関係性を表す呼称が用いられることが多いのである。このような事情があるため、人称を表すことばをあえて一本化しなかったと考えられる。

さらに日本語では、ある呼称が二人称的人物とも三人称的人物とも受け取れることがある。たとえば、こんな場合である。

「先日は、わざわざ社長さんに来ていただき、ありがとうございます」

この場合、社長はどこにいるのだろう？　目の前なのか、それとも、他のどこかなのか？前者の場合は、先日来てくれた社長が再びここに来てくれたことになる。後者の場合は、目の前にいるのは、たとえば社長の部下であり、先日の社長の来訪に謝意を示していることになる。日本語では、役職名や個人名など、様々な呼称が二人称にも三人称にもなりうる。だから、いまの例文で「社長さん」のところを「鈴木さん」に置き換えても同じ会話が成り立つのである。このようなことが可能になるのは、話し手の目の前に現に社長かその部下がおり、話し手は、これまでの経過から、その人が社長か部下かを知っているからである。これも、先程述べたように、日本語の会話が個々具体的な状況にもとづいていることの結果である。

ところが、この二人の会話が舞台上でおこなわれ、視点が遠くにいる観客のところにあるとしたら、どのようなことになるだろうか？——話し手の目の前の人がよほど社長らしい姿をしているか、あるいは、部下らしい姿をしていない限り、すぐにはことばの意味がわからない。だから、舞台上の出来事の展開をしっかり追っていないと話についていけなくなる。けれども、英語の世界では、こんな苦労はいらない。目の前の社長は "you" で済むし、部下に社長のことをいうときは "your boss" とか "he" といえば、観客にもすぐに伝わるのである。

「I」や「you」や「he／she」を使うことの観客にとってのわかりやすさは、舞台を裁判所の法廷に移したときにも非常に有効なものとなる。答弁する人の話を聞く人々の多くは、その人の詳しい身の上を知らない。だから、そのことばだけから、その人についての情報や他の人との関係をつかみ取らなければならない。英語は、このようなときに非常に有効性を発揮する言語なのである。

英米の映画やテレビドラマを見ていると、非常に裁判ものが多いように感じる。それは、英語というものがもっている、以上のような特性にも関係しているのではないかと思う。もちろん、日本の映画やドラマにも多くの裁判ものがある。しかし、それらは以前から多くあったのではなく、英米的な発想に影響されて次第に増えてきたものなのである。

## 一、二人称的な関係を重視する日本人の人間関係

日本語で一、二人称的な人物を表すことばが増えてしまったのは、それが会話する当事者たちの視点にもとづく言語だからである。目の前に話し相手がいれば、その存在は大きく、また、目上の人か、親しい関係にある人か、などが気になる。すると、それぞれのケースに合わせてことばが選ばれ、Iやyouやhe／sheのような統一的な表し方からは離れていく。

では、日本人は、一、二、三人称的な関係性の全体を意識していないのか、というとそうではない。ただ、その関係性のあり方が英語圏とはちがうのである。

日本語が一、二人称的な視点で作られているのは、日本人の人間関係が一、二人称的な関係性のもとで作られているからである。日本人の一、二人称的な関係性は濃厚であり、一方、三人称的な位置にいる人々は「他人」と見なされ、関係性が薄くなる。このような日本人の関係性の特性は、一九七〇年前後に中根千枝の『タテ社会の人間関係』（一九六七）や土居健郎の『甘えの構造』（一九七二）によって鋭く分析された。その特性は、ほぼ五〇年を経たいまも、日本人の中に強く残っている。

日本的な人間関係と西洋的な人間関係をわかりやすく表すと、図5－3のようになるだろう。日本人の意識にとって、私－あなた関係の占める割合は大きく、それは家族から発して会社や学校のような共同体にまで及ぶ。たとえば、日本の会社員は「うちの会社」というような表現

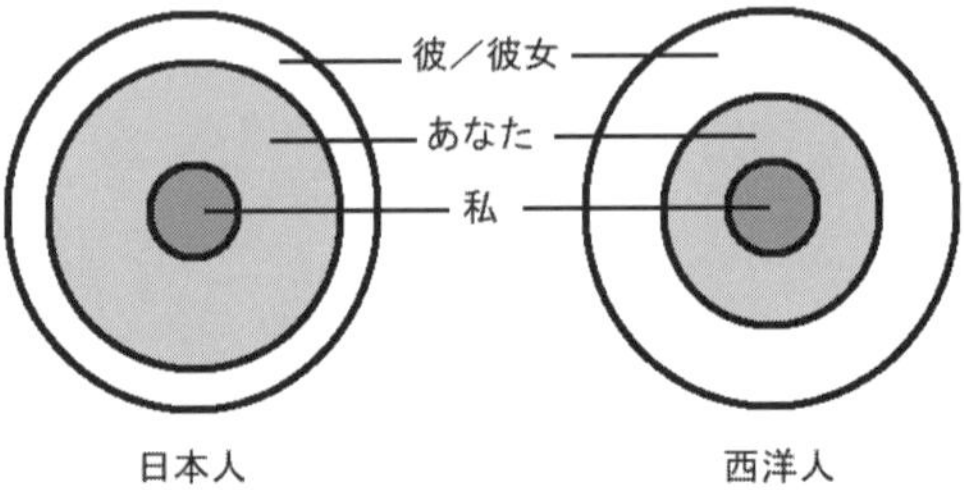


図5−3　日本人と西洋人の人間関係における他者の占める割合のちがい

を頻繁に用いる。その分、外側の第三者の世界は小さくなるのである。ただ、現代のようなグローバル化が進む時代では、意識の上では日本人にも変化が起きている。しかし、言語的な特性は、以前に作られたものが強く残っているのである。

これに対して西洋では、親は子を、寝室を別にするなど、早くから独立させようとし、人々は適当な距離を置きながら広く人間関係を作ろうとする。だから、二人称的な領域が小さくなると共に三人称的な領域との境目が明瞭でなくなる。また、人と人の関係もルールに則った明瞭なものとしようとし、いざとなれば裁判官の前に出て問題を解決しようとするのである。

以上のように、日本語は日本人の人間関係に、英語は欧米の人間関係に、深く結びつきながら発展し、その形を保ってきたと考えられる。

## なぜ日本人はシャイなのか？

ここで、国際舞台に出たときの日本人についてよくいわれること、つまり「日本人はシャイである」について述べておきたい。このことについてよくある説明は、日本は島国だから、というものである。確かに日本が島国であり、他の国々の人との交流が少ないことは影響しているだろう。しかし、日本人がシャイなのは、そのような地理的な理由だけによるのではない。

　実は、日本人は国際舞台だけでなく、国内の舞台でもシャイである。その理由は、日本語と日本人の人間関係が図5－3に表したように、私－あなた関係にもとづくものだからである。だから、その関係性の中で生きている限りは、外側にいる人々は「他人」と見なし、半分無視しておけばいい。ところが、いざ、外側の人々の目に晒されることになると、大きな戸惑いを感じることになる。日本語は基本として英語のような観客カメラを備えておらず、「他人」の前で自分について語るための備えがあまりできていない。だから、人前に立つと、舞台の上で言語を操ることのむずかしさを感じるのである。

　このことを、2章で述べた、共同注視の入れ子構造という視点から見ると、日本人は入れ子の内側に自分を置きやすいから、外側から見られている、という受け身の心理をもちやすい。一方、英米人は入れ子の外側に視点を置きやすい。それは、3章で述べた、舞台監督の立場でもある。だから、実際には入れ子の内側にいて外から見られる立場にいても、自分をどう演出して人々に見せようか、という能動的な心理が生まれやすいのである。

　しかし、このような条件があるにもかかわらず、いままでは、日本人の中にも人々の前で、あるいは国際舞台の中で自己表現できる人々の数は増えてきている。そして、テレビやネットを見ている限りでは、このような変化は非常に大きいように見える。

しかし、だからといって、日本人の人間関係が全体的に見て、すでに大きく変わってきているのかというと、必ずしもそうではない。現代では、一方で、核家族化や世帯人員の減少の中で昔のような大家族や村落共同体が失われつつある。このことは、古い人間関係から自分を解放する良い機会を作っているともいえるが、一方で、日本人の人間関係に負の影響も及ぼしている。昔の共同体には多くの構成員がいて、日本人が重視する、私‐あなた関係の中の「あなた」の部分に広がりがあった。だから、それが彼／彼女の世界に入っていくためのつなぎの役割を担っていたのである。しかし、現代の家族状況の中で「あなた」の部分は限りなく小さくなり、その小さな部分に私‐あなた関係を押し込めなければならなくなってきている。さらに、受験競争やネット依存の生活の中で、友人関係を育てることがむずかしくなっている。だから、そこでの人間関係の学びは小さく、そこから、いきなり外部の世界に出ていかなければならなくなる。このことが、日本の若年層を以前よりもより内向きにしているのである。

家族やごく親しい者のあいだでは、そこにいるだけで相手に存在が認められていることになる。しかし、社会的な舞台の上では、何か発言したり行動したりしないと、存在を認知してもらうことができない。日本人の人間関係と日本語の特性は限られた者のあいだでの親密な関係を生み出すものだから、もちろん、それ自体を否定してはならない。しかし、いま、日本人には、社会的な場面でのことばと人間関係を作る努力が以前よりも強く求められているのではないか、と思う。

## 日本語と英語のカメラ選択

以上述べてきたように、日本語は一、二人称的な視点に重きを置き、モバイルカメラ的な映像を作り出す。一方、英語は三人称的な視点に重きを置き、スタジオカメラ的な映像を作り出す。では、なぜ、日本語と英語は、このような視点とカメラ選択をおこなうようになったのだろうか？

この問いに詳しく答えていくことは、「はじめに」でも述べたように、この本が述べていく範囲を超えている。この本の目的は、いまある日本語と英語を対置させ、それぞれの特性を明確にすることである。しかし、この問題について、大まかな説明をすることはできる。言語は、もともと、二人、または少数の人が行動を合わせ、過去を振り返り、計画していくために発生したものである。だから、日本語の方がその起源により近い。それは、内輪の人々が打ち合わせをしていくのに適した言語である。

しかし、このような内輪での会話では間に合わなくなる事態が発生する場合がある。それは、

2章でも述べたように、世界が広がり、外部の人々との交渉が多くなった場合である。外部の人々は内輪の人のようにお互いの事情を知らない。すると、観客にもわかるような客観的なことばを用いなければならなくなる。英語の成立にはゲルマンの大移動やフランスなど大陸との交流がかかわっている。また、領地や財産をめぐる争いや交易の機会も多く、その解決に向けての議論も多く戦わされただろう。さらに、シェイクスピア劇のような、舞台上で多くのセリフが行き交う演劇スタイルが発生したことも関係しているだろう。それは、日本語が成立する中では経験することのなかった事態である。

内輪の言語から客観性を重んじる言語への移行は、前者の長所を取り込んだ上での発展かというと、そうとは限らない。一方の視点を取ると、他方の視点は失われやすい。この本で述べていくように、言語というものは、ある視点を取ると、それにもとづいて多くの文法事項が体系化される。そして、そうして作られた言語を多くの人々が話し始める。すると、もう後戻りはできなくなるのである。

日本語にも英語にも、それぞれの長所を生かし短所を補う機能はあるだろう。しかし、それが言語の体系である以上、定まった視点にもとづかなければならない。選択の可能性は二つに一つである。その結果、日本語は話し手と聞き手の視点、つまり、自分カメラの方を、英語は観客の視点、つまり、観客カメラの方を選んだと考えられるのである。

# 6章

# ここ・そこ・あそこの日本語とhere・thereの英語

## 人を場で表す日本語の会話

前章の後半で述べたように、日本語では、人称を表すことばが一本化されていない。だから、人々を英語のIとyouとhe／sheのように統一した形で区分けすることができない。では日本人は、人々の関係性を区分けできていないのかというとそうではない。前章の後半で述べたように、人々の位置を自分との親密度によって定めているからである。また、さらに、もう一つの区分けの方法も使っている。人々を、それぞれの立ち位置によって区別しているのである。

「こっちはどうも景気が悪くてね。そっちはどうだい？」

こんなことばを日本の街角ではよく耳にする。「こっち」はIに、「そっち」はｙｏｕに相当する。会話はさらに、こんなふうに続くかもしれない。

「こっちもダメだよ。でも、鈴木さんのところはいいそうだよ」

「うん、あっちは、いまはやりの業界だからね」

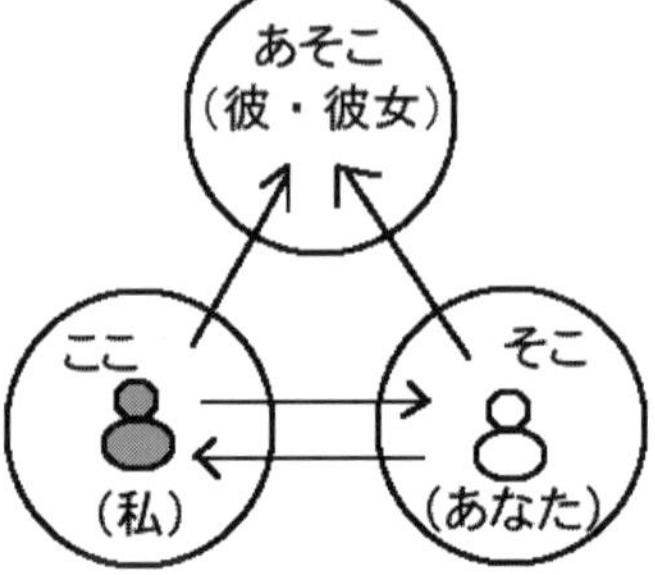


図６－１　日本語の指示詞の関係性

「こっち」「そっち」「あっち」は、場を示す指示詞である。

しかし、この会話例では見事にI、ｙｏｕ、ｈｅ／ｓｈｅに対応している。

なぜこのようなことが可能になるのか、というと、図６－１に表したように、「ここ」は私（I）がいる場所で「そこ」はあなた（ｙｏｕ）がいる場所、「あそこ」は私からもあなたからも離れた、彼や彼女がいることの多い場所だからである。先の会話例の中にあった「こっち」「そっち」「あっち」は、「ここ」「そこ」「あそこ」への話し手の視線の方向を意味している。

なお、「こっち」「そっち」「あっち」や「こちら」「そちら」「あちら」が使われる場合は、会話にも表れていたように、場所だけでなく、そこにいる人を示す場合も多い。また、この区分けは、「ここ」と「そこ」は近く、「あそこ」は遠い場合が多いので、前章で述べた人間関係の親密度の区分けにも対応しているのである。

## 指示詞について厳密な日本語とあいまいな英語

では、英語では人を表に立てて物事を述べるのに対して、なぜ、日本語では場所を表に立てて物事を述べるのか、というと、2章で述べたような共同注視の入れ子の内側での視点にもとづいて話を進めようとしているからである。すると、図6－1に表したような空間区分が確立してくる。「ここ」は話し手の近辺であり、「そこ」は聞き手の近辺であり、「あそこ」はどちらからも離れた場所である。そのため、人、物、事のすべてを、これらの区分に乗せて表すようになるのである。一方、英語は、入れ子の外側から現場を見つめているから、このようなはっきりした区分はむずかしくなる。

一般に、日本人のことばや論理はあいまいであり、欧米のそれは厳密であるといわれる。しかし、少なくとも指示詞については、この見方は逆転する。表6－1と表6－2は、日英の指示詞の体系（なお、英語の場合は、指示詞という名称ではない）を対照的に表したものである。一見してわかるのは、日本語の指示詞は、場所、方向、物、所有にわたって、厳密かつ非常に体系的に作られており、他方、英語の指示詞は体系と呼べないほどあっさりしていることである。

このような大きなちがいが生じた原因は、日本語は、話し手と聞き手が、その場で空間を区分けしながら話すことばであるのに対して、英語は、その現場から遠く離れ、観客席から舞台上の人々の位置関係を見つめるようにできているところにある。すると、二人の立ち位置や視線の先などは、現場にいるようにはリアルにつかめなくなる。その結果、指示詞の区分けは大雑把になるのである。

両言語の指示詞の体系のちがいは、第一に指示範囲の区分のちがいとして、第二に指示方向の分化のちがいとして表れている。指示範囲の区分けのちがいについては、ど系やｗｈｅｒｅのような質問型を除くと、日本語では、こ系、そ系、あ系の三分法になっているのに対して、英語ではｈｅｒｅ／ｔｈｉｓとｔｈｅｒｅ／ｔｈａｔの二分法になっている。日本語では、「ここ」にある物が「これ」で、「そこ」にある物が「それ」で、「あそこ」にある物が「あれ」である。だから「これあげる」とか「それ取って」と

表6－1　日本語の指示詞の体系

| | 場所 | 方向 | | 物 | 所有 |
|---|---|---|---|---|---|
| こ系 | ここ | こっち | こちら | これ | この |
| そ系 | そこ | そっち | そちら | それ | その |
| あ系 | あそこ | あっち | あちら | あれ | あの |
| ど系 | どこ | どっち | どちら | どれ | どの |

表6－2　日本語の指示詞対応の英語のことば*

| | |
|---|---|
| here | this |
| there | that |
| where | what（which） |

＊品詞分類では左列は副詞、右列は代名詞になる

か「あれ見て」といえば、ほぼ間違いなく相手に通じるのである。

一方、英語では、近くの場と物がhereとthisで、遠くの場と物がthereとthatという、おおよその区分はできているのだが、たとえば、thereは日本語の「そこ」なのか「あそこ」なのかというとはっきりしない。そこで、over thereを「あそこ」として用いる場合もあるが、もともとthereの範囲がはっきりしないので、どこからを意味しているのかわかりにくい。

次に、第二の指示方向の分化について、再び表6－1と表6－2を見てみると、日本語では指示位置が場と方向に分かれているが、英語ではひとくくりである。また、物と所有についても日本語では分かれているが、英語ではひとくくりである。さらに、このうち方向については、日本語では二分されており、たとえば「こっち」は話し手主導の表現であり、「こちら」は聞き手への敬意を示す表現になっている。

以上のように、日本語の指示詞の体系は非常にていねいに作られており、このていねいさは、日本語に、話し手と聞き手が現場で空間を区分しながら話すという設定があることから生まれてくるのである。

## 話者カメラの切り替えと「これ」「それ」の逆転

ところで、このような指示詞の体系を用いる上でむずかしいのは、会話の中で話し手と聞き手の立場が交代していくということである。会話が進むと、先ほど話し手だった者が聞き手に回る。すると「ここ」だった場所が「そこ」に、「そこ」だった場所が「ここ」に変わる。こうして、視界の位置づけが次々に変わっていく。日本語にとって指示詞は重要なものであり、多く使うだけに、この転変はわずらわしいもののようにも見える。しかし、日本人は、この切り替えの技を見事に会得し、切り替えの妙を楽しんでいるようである。その一例が、日本の伝統的な話芸である落語である。

落語では一人の演者が二人の人物を演じ分ける。その切り替えは、体の向きを変えることによって、また、声音を変えることによっておこなわれる。すると寄席の客は、視界も物の見方も異なる二人の人物の世界を味わい関係づけることになるのである。

そこで、落語の演目のひとつである「抜け雀」の中にその例を見ることにしよう。この噺《はなし》では、無一文で宿に長逗留した絵師が宿賃のカタとして衝立に雀の絵を描くことになる。以下はその際のやりとりである。

絵師「おお、ちょうどいい。お前の後ろにな、何やら衝立のような物がある。**それは何**

**だ？」**
亭主「え？　ああ、**これですか**。これはねぇ、いまから一カ月程前にねえ、江戸の経師屋の職人てのが、ウチに泊まったんですがね。これが一文無しだったんですよ。……その宿賃のカタにね、作らしたんですよ」

落語を演じる舞台は高座《こうざ》と呼ばれ、演者から見て左側が上手《かみて》で右側が下手《しもて》である。また、演じられる人物も、上手に位置する者と下手に位置する者がいる。上手の人物は身分の高い者や歳上の者で、下手の人物は身分の低い者や歳下の者である。だから、上手の者が話すときは右前方の下手を見、下手の者は左前方の上手を見る。この噺では、絵師は無一文とはいえ上手の立場である。「お前の後ろに」といいながら右側にいる亭主の背後にある物をのぞき込むような仕草で「それは何だ？」と聞くのである。一方、亭主の方は、そばにある物について聞かれたから「これですか？」と、後ろを振り返る仕草で答えることになる。

落語では、このように、一人の演者がことばと仕草で二人の人物が見る映像世界を切り替えていくのである。

## 実際のカメラの出現によって発見された映像切り替えの世界

ところでこの本では、人の視点やそれにもとづいて発せられることばの世界をカメラによる映像にたとえて説明してきたわけだが、もちろん、言語の出現はカメラの出現よりずっと古い。だから、ことばがカメラのマネをしたわけではない。反対にカメラが、人の視界の変化とそれを表すことばの働きをマネしたのである。だが、人の視界変化は個人の内部にとどまる出来事である。しかし、カメラによって撮られた映像はそこにとどまり、人々が共有できるものである。人々は実際のカメラの出現によって、自分たちが内的に経験してきた映像世界の特性を再発見したといえるだろう。

ただし、当初のカメラは、画家が風景や肖像画を描くときと同じように、一枚一枚の写真を時間をかけて撮るものにすぎなかった。本当の変化は連続写真、つまり映画や動画と呼ばれるメディアが出現することによって生まれた。動画では、カメラの位置やレンズの向きを変えることによって視界をどんどん変えていくことができる。また、別々のカメラで捉えた映像をつないだり、時間をおいて撮られた映像をつなぐことができる。このようにして、様々な視点で撮られている映像を照らし合わすことができるようになったのである。

このような技術の発展によって生まれたのが、状況を客観的に捉えた映像と個人の主観が捉えた映像を対立させる手法である。この方法では、見せたい物を含む全体映像の前に、それを見つめる人物の姿がクローズアップされることが多い。中でも私の記憶に強く焼き付いているのは、一九六六年の米国映画『猿の惑星』のラストシーンである。
この映画では、長い人工冬眠状態から目覚めた宇宙飛行士たちがとある惑星に降り立つ。実はそこは猿たちが統治する星であり、彼らは捕らえられ、最後に船長、テイラーだけが脱出し、救出した人間の女性と共に馬に乗って海岸線を進んでいく。そして、前方にあるものを発見して驚愕するのである。その時、スクリーンには、打ちひしがれるテイラーの姿だけが大写しにされる。次にその姿は、上方からの大きな景色の一部となるわけだが、画面の下部に石像の頭部だけがシルエットとなって現れる。カメラがその映像を前方からのものに切り替えたとき、それがニューヨークの自由の女神の残骸であることがわかるのである。つまり、そこは、数百年後の地球だった。

これまで述べてきたように、英語カメラは観客席に固定され、そこから舞台を見つめるようなしくみをもっている。しかし、ここに例を示したような、映画カメラの、映像を次々に切り替えることができるようにするしくみは、英語カメラがもっている映像世界の限界をどんどん超えていったことになる。英米人は、そのことによって、日本人以上に大きな衝撃を受けたのではないか、と思う。日本語はあらかじめ、映像を次々に切り替えていくしくみをもっている。

そのため日本人は、画面が激しく転変していく映像の世界に英米人ほどの衝撃は受けず、それに同化し、我がものにしていったのではないか、と思う。このことについては、日本文化を扱う最終章で再び取り上げることにする。

# 7章

# 日本語のクローズアップ機能と「は」と「が」の役割

## 日本語のクローズアップ機能

私たちの視界には、あらかじめ定められた枠はない。しかし、見える範囲は限られており、それを視野として測定することもできる。また、その中心には焦点に当たる場所もある。だから、私たちは会話するとき、お互いのそのような場所を想定しながら話を進めている。だが、その視界の範囲や焦点の位置は、時や場によって、また、その時の意識状態によって変化する。それを話題に合わせて定めようとするのが、前章で述べた「これ」「それ」「あれ」などのことばである。だが、これらのことばは視界の方向を示すだけである。では、その範囲についてはどうか？　それを操っているのが格助詞の「は」と「が」である。

人々が視界の範囲を特に強く意識するようになったのは、映画が発明されてからなのではないか、と思う。映画カメラは、向きを変えることによって、いま述べたように、視界の方向を変えることができるが、それだけでなく、遠景を撮っていたカメラを、景色の中のどれかに近づけていくことによってクローズアップ映像を撮ることもできる。人々は、このようなカメラの映像を通して視界の範囲が変化していく様子をはっきりイメージすることができるようになったと考えられる。

現代のカメラはズームレンズを内蔵しているので、大きなスタジオカメラでも遠くにあるものをクローズアップさせることができる（ズームインともいう）。しかし、より容易に映像の方向や範囲を変えることができるのは、やはり、自由に持ち歩くことのできるモバイルカメラである。そして、これと同じように、話し手の視点で視界を表現する日本語もまた、映像の範囲を変えていくしくみをもっているのである。

日本語では、たとえば、次のような文を作ることができる。

坂道を上っていくと、前方で車**が**止まり、中から男**が**出てきた。男**は**手に双眼鏡を持っている。

この第一文の冒頭が表しているのは遠景である。その中で、まず車が注目され、次に、そこから出てきた男が注目されている。そして、第二文では、男のもっと詳細な姿が述べられている。その間に、書き手は、さらに男の方に近づいたのかもしれない。あるいは、書き手の注意が男の姿を大きくし、手元の双眼鏡を発見したのかもしれない。

この日本語文の特徴は、大きな視界から徐々に対象が絞られ、最後に男の手の中にある双眼鏡がクローズアップされていることである。ここで注目されるのは、第一文の「車が」と「男が」の「が」であり、第二文の「男は」の「は」である。この二種類の助詞の働きで、クローズアップ機能が成立すると考えられる。この助詞の働きについては、これから詳述することにして、まず、この文を英訳してみると、どのようになるか、ためしてみることにしよう。

I was going up the slope when a car stopped ahead of me, and then a man got out of it. He had binoculars in his hand.

英語文では、日本語文で省略されていた私（I）のこと、車のこと、男のこと、双眼鏡のこと、それぞれのことはわかるが、それらが景色としてひとつながりになっていないように感じられる。その理由は、この文が、日本語文のように書き手の視点から見た景色になっていないからではないか、と思う。そこで、書き手の視点を加えて次のように書き換えてみることにしよう。

While I was going up the slope, I saw a car stop ahead of me, and a man get out of it. Then I found him holding binoculars in his hand.

このようにすると、話者視点にはなるが、文が長くなり、すっきりしていない。また、書き手の認識の方が表に出てきて、文の表現を景色として捉えることをむずかしくしている。やはり、遠景から近景へという景色の変化を感じにくいのである。その理由は、日本語の「は」と「が」に相当する働きが欠けているからだと思う。

## 枠を作る「は」と選択する「が」

実は、「は」と「が」の問題については、一九六〇年代に大きな日本語論争が起きている。それに火をつけたのが三上章による『象は鼻が長い』と題する書物である（三上 一九六〇）。なぜこの本には、このようなタイトルが付いているのか？ それは、この短文の中に「は」と「が」が含まれ、しかも、それぞれの役割がうまく表されているからである。

三上章の本では「象は鼻が長い」という一文から始めて様々な文法的な論議がなされている。

しかし、ここではそれらには触れず、一日本語使用者として、この文について私なりの解釈を施してみたいと思う。それは、これまで述べてきたような映像的な解釈であり、また、いま述べた、ズームイン機能にもとづく解釈でもある。

図7－1を見てほしい。象の体全体を大きな四角の枠で囲い、その中の鼻の部分を小さな枠で囲んでいる。この大きな枠がズームインする前の映像枠で、文中では「は」によって表される。そして、その中で鼻を囲った小さな枠がズームインするために選ばれた部分で、文中では「が」によって表される。つまり、「は」は映像の枠を意味し、「が」はその中で選択された部分を意味する。これが「は」と「が」の基本的な役割である。

図7－1　「象は鼻が長い」を図示すると

そこで、「が」は選択、「は」は枠を作る、という見方で先の「坂道」から始まる文を解釈すると、まず遠景の中で「車」が選択され、次に車の周辺で「男」が選択され、最後に「男は」で、男自体が映像を作る枠になる。そして、その中で双眼鏡がクローズアップされていくのである。

しかし、先ほど述べたように、英語にはこのような働きをする語がない。ためしに、ネットの翻訳サイトで「象は鼻が長い」を「象は鼻は長い」、「象が鼻は長い」、「象が鼻が長い」と、格助詞の部分を次々に入れ替えて翻訳させてみてもすべて、"The elephant has a long trunk." というような一律の訳が出てくるのである（サイトによってやや異なる英文になるが、一律という点は同じである）。

## ズームインの繰り返しと「が」の「は」への転化

ところで、画面の中で選ばれた対象は、ズームインが進むと姿が大きくなり、枠いっぱいとなって、周辺のものは排除されることになる。すると、「が」ということばで選択されていたものが今度は大きな枠で囲まれ、名前の後に「は」を付けられるようになる。そして、この枠の中で、また次のものが選ばれ、ズームインされる可能性がある。このようなズームインの連続は、映画の中では、たとえば、まず大きなビルが映され、次に、その中の窓、次に、その中の人の姿、というように表される。実は、これと同じようなことを日本語は実現することができるのである。

次の三つの文を見てほしい。そして、それを映像的に表したのが図7－2である（図中には、各文に対応した英文も記している）。

①動物園に**は**象**が**いる。

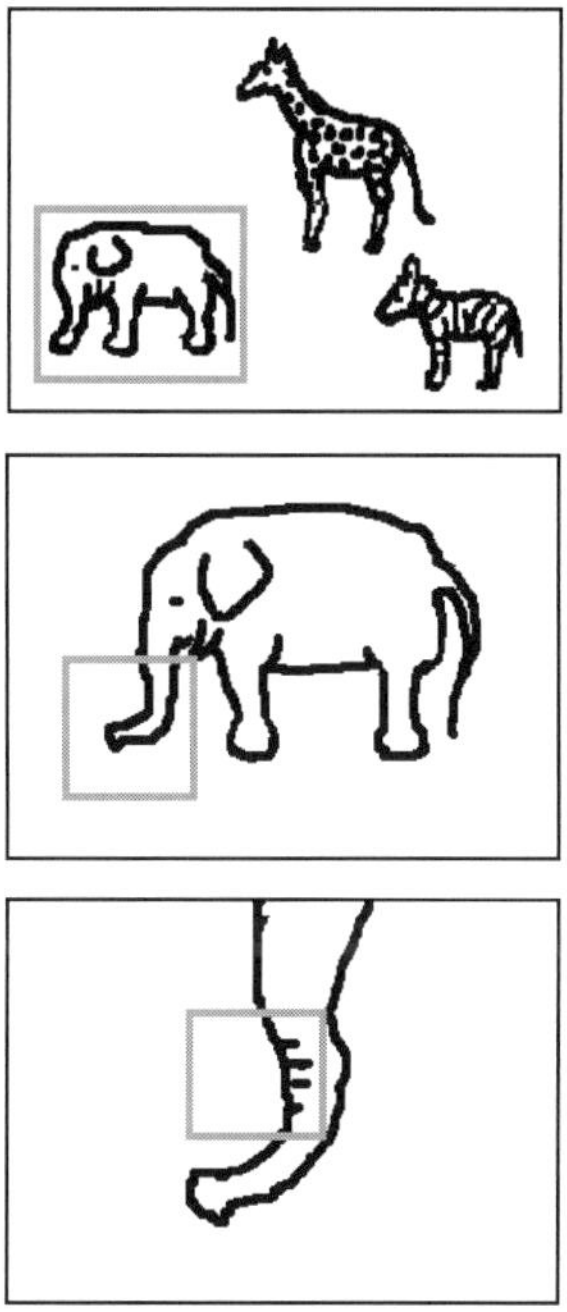

① 動物園に**は**象**が**いる。
(The zoo has an elephant.)

② 象に**は**長い鼻**が**ある。
(The elephant has a long trunk.)

③ 鼻に**は**シワ**が**ある。
(The trunk has wrinkles.)

図7－2　各文の「は」と「が」の関係

②象に**は**長い鼻**が**ある。
③鼻に**は**シワ**が**ある。

いずれの文にも「は」と「が」があり、「は」は枠を作り、「が」は、その中で選択されたものを示している。そして、①から②にかけて、また②から③にかけて、選択されたものが新しい枠を作っている。つまり、「が」が「は」に転化している。このようにして、日本語によってズームインの連続が実現されているのである。

一方、これらの文を英訳す

ると、図中に示したように、haveを用いて表されることが多い。これは、この本の4章で述べたように、英語では所有によって関係性が述べられることが多いことの表れである。ただ、図中に表したように、最初に不定冠詞（a／an）を付けられた語が次の文では定冠詞（the）の付いた語となることを繰り返しているので、これが英語では「は」と「が」を代用する働きになっているともいえる。

ところで、カメラのズームインとは反対に、カメラを引き、被写体を遠景の中に収める過程をズームアウトという。そこで、①から③までの文をズームアウトの過程で表してみると次のようになる。

④そのシワ**は**鼻にあった。
⑤その鼻**は**象のものだった。
⑥その象**は**動物園の中にいた。

④の文は、③の文のシワが枠いっぱいになったところから始まる。そして、⑤、⑥と、次第に枠が広がり、ズームアウトの過程が実現されるのである。これは、「は」によって作られた枠がより大きなものに飲み込まれ、解除されていく過程であるといえるだろう。

ズームインの場合は、選択されるものがあらかじめ画面の中にあるので、その過程は受け入れやすい。一方、ズームアウトではこれまで見えていなかった外のものが見えてくるので、驚きや発見を伴うことが多い。そのため、④から⑥の例文は発見的な表し方にしている。また、ズームアウトの手法は、スリラー映画でもよく使われ、まだ気づかない恐怖が迫っていることを示すのによく使われる。

なお、いま人々がズームイン、ズームアウトの機能としてよく活用しているのが、グーグル・マップやカーナビである。これらは、自分がいま、どこにいるかわからない不安を解消してくれる。また、最近、テレビ番組でよく使われる、ドローンを飛び立たせて上空から撮影する方法も、ズームアウトの機能をうまく活用している。いまある場所を取り囲む景色がどんどん開けてくるのである。

このように、現代では、ズームイン、ズームアウトの機能がますます多く使われるようになっている。けれども、日本語はずっと以前からその機能を備えていたといえるのである。

## 「は」と「が」の役割は主語を示すことだけではない

ところで「象は鼻が長い」には「象」と「鼻」の二つの主語があるように見える。また、先ほどの例文中の、たとえば②「象には長い鼻がある」の「は」は主語を示すものではない。では、「は」と「が」は文法的にはどのような役割を果たすといえるのだろうか?

日本語の文の中で語の役割を示すのは格助詞である。「猫が魚を食べた」という文で「が」は行為主体を示すから主格の格助詞、「を」は目的物を示すから目的格の格助詞である。このように、日本語では各語の働きを格助詞が教えてくれるから、語順を変えても意味がわかる。先の文を「魚を食べた猫が」に変えても一応、意味は通じるのである。一方、英語では、"The cat ate a fish." は通じても、語順を変えて "A fish ate the cat." とすると、「魚が猫を食べた」という、奇妙な文になってしまう。

つまり、日本語では、格助詞は、文を作る上で語順以上に重要な役割を果たしている。そして、「は」と「が」も、この格助詞の重要な役割を担っている。ところが、これらの格助詞の場合は、その役割がひとつに定まらず、以下のように複数に及ぶ、という問題をもっている。

「は」・・・主語、目的語、場所、手段を示す。
「が」・・・主語、目的語を示す。

「は」の主語以外を示す例としては「ミカン**は**食べない」「ここに**は**ない」「これで**は**切れな

い」などを挙げることができる。また、「が」の主語以外を示す例としては「ミカン**が**食べたい」というような例を挙げることができる。なぜ「は」と「が」は、このように格助詞の役割を一本化できなかったのだろうか？　それは、「は」と「が」が主語を示す以外にも重要な役割を担っているからである。またそれが、主語を表す格助詞に「は」と「が」の二つがある理由でもある。

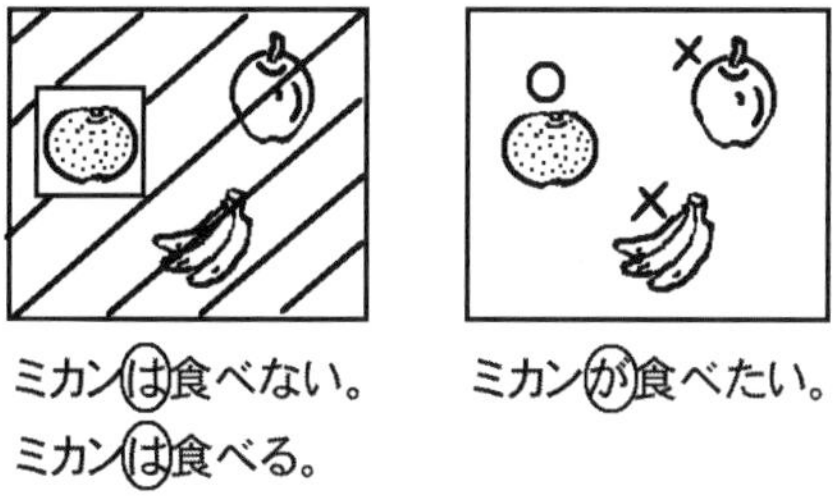
ミカンは食べない。
ミカンは食べる。
ミカンが食べたい。

図7－3　「は」と「が」の働きの違い

### 「は」の他を抑える働きと「が」の選択対象を突出させる働き

私はこの章で「は」は枠を作り、「が」は選択をする、と述べてきた。しかし、これらのことばが様々な文の中でどう使われているかを理解するには、その働きをもっと具体的に知る必要があるだろう。

図7－3は、次の三つの文が表す内容を図で表したものである。

①ミカン**は**食べない。
②ミカン**は**食べる。
③ミカン**が**食べたい。

①の文は、ミカンは食べないが、他は食べる可能性があることを示している。また②の文は、ミカンは食べるが、他は食べない可能性があることを示している。しかし、少なくとも「ミカンについては」と、他を隠し、ミカンだけが見えるようにしているのである。次に③の文は、三つが見える状態で、ミカンを特に求めている。この場合は、ミカン以外も食べるための候補になっている。しかし、中でもミカンが食べたいのである。

以上のことは図7－4のように表すことができるだろう。「は」も「が」も、客観的には何かを選択していることに変わりはない。しかし、その選択の態度が違うのである。「は」は、他の選択肢を抑え、見えにくくすることによってひとつを取り上げている。一方、「が」は、他の選択肢も眼下に置きながら、ひとつを突出させて選ぼうとしているのである。

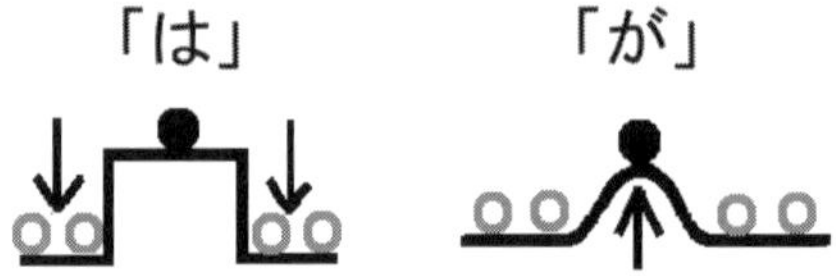


図7－4　「は」と「が」の異なる働き

このような、それぞれの選択の態度は、図7－3に表したように複数の選択肢が目の前にそろっていない場合にも当てはまる。「は」については、たとえば「今日は、なんだか、勉強**は**したくない」というとき、他のことはさておき、「ともかく勉強については」という思いを前面に出しているのである。また、「が」については、たとえば「無性にカレー**が**食べたくなった」というとき、気持ちの上で、カレーが食の対象として突出してきたことをいい表している。

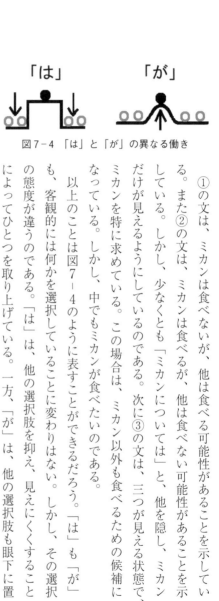

## 「は」と「が」の格助詞全体に及ぼす影響

「は」と「が」の問題をむずかしくしているのは、先に述べたように、それらが主語を示す働きをするだけでなく、目的、場所、手段などを表す格助詞に代わる役割まで果たしているからである。では、それは全体としてどのような構造を成しているのだろうか？　それを表したのが図7－5である。

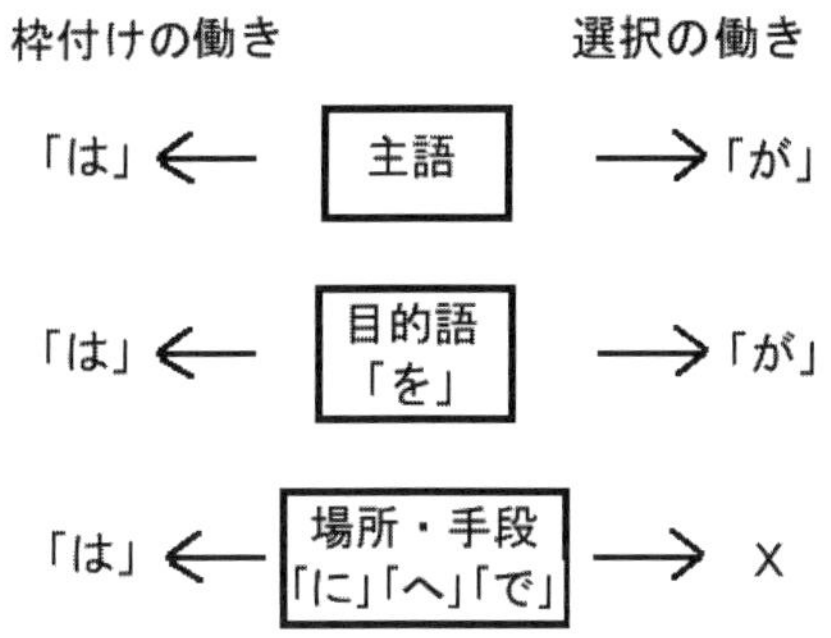


図7－5　格を示す語に枠付けや選択の働きが加わると

図の中央にあるように、主語以外の場合には「を」「に」「へ」「で」のように、それぞれの位置に特化した格助詞がある。しかし、特に枠付けしたいときや選択を示したいときだけ「は」や「が」に転化するのである（ただし、場所、手段の場合はすでに限定の意味があるので選択を示す「が」への転化がなく、また枠付けの場合は、「には」「へは」「では」のように「は」が後ろに付く形となる）。ところが、主語の位置には、転化する前の、基となる格助詞がない。このことが「は」と「が」の問題をむずかしくし、また、「日本語に主語はいらない」（4章参照）という考えにつながるものとなっている。

しかし、この図で主語の位置に格助詞がないのには理由がある。それは、主語とは、話し手が聞き手にまず注目してもらい、そこから話を進めるべき物事だからである。だから、それをどのような映像で相手に見せるか、は非常に重要な問題になる。そして、その見せ方には、枠いっぱいにして見せる場合と、いくつかの中で選択させる形で見せる場合の二つがある。このように日本語では中心となるものを見せるための二種類の方法をとっているから、主語にあたる場所は空欄になると考えられるのである。

また、このことは、2章で述べたように、日本語が話し手と聞き手の共同注視の関係を基本にして作られていることにも深く関係している。共同注視の関係では、相手にどのように映像を見せるかが重要になる。そして、十分共有された映像は、ことばの上では省略される。だから、このように、すでに共有され、とりたてて見せる必要がなく省略されている場合が、図中の主語の位置の格助詞の空欄である、と考えることもできるのである。

これに対して英語では、すでに何度も述べたように、出来事を舞台の上に乗せ、外側から捉えるスタンスを基本的にとっている。すると、その映像はあらかじめ舞台設定されたものになっているから、日本語のように映像のあり方をそのつど変動させていくわけにはいかない。このことが英語に「は」と「が」に相当することばがない理由である。

## 話の大枠を作る「は」の働き

ここで、話の締めくくりとして、「は」のもつ「が」にない特別な役割について述べておきたい。それは、話の大枠を作る働きである。

これまで例として挙げてきたのは比較的短い文の中の「は」と「が」だった。しかし、もっと長い文となり、さらに文章となった場合はどのようになるだろう？　例として「私は太郎がスーパーでスイカを買うのを見た」という文について分析してみたい。

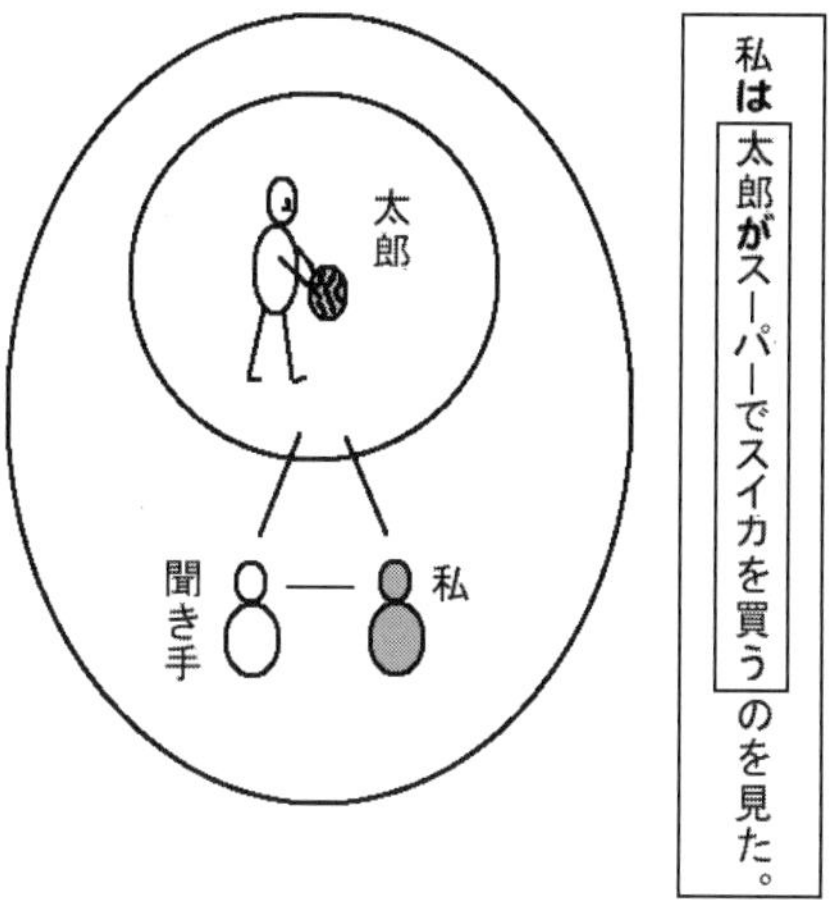
私は太郎がスーパーでスイカを買うのを見た。
太郎
聞き手
私

図7-6　共同注視の入れ子における「は」と「が」の役割

これは「私は見た」と「太郎がスーパーでスイカを買う」という二つの文を合体させた複文である。そして、外側の大きな枠の中の文が内側の小さな枠の中の文を囲む形をしている。すでに述べたように、「は」は枠いっぱいに物事を提示し、「が」は枠の中で何かを選び示す働きをする。ただ、ここでは、選ばれるのが単語でなく出来事を表す文になっている。この場合には、「私」の回りには様々な出来事があり、その中から「太郎がスーパーでスイカを買う」という出来事を選び、確認した、と見なすことができる。そこで、文が大きくなった場合は、外側の枠の中の主語には「は」を付け、内側の枠の中の主語には「が」を付けるという原理が働いていると考えられる。「が」は枠の中で選ばれる役割をもっているので、自ら枠を作り、その内部を見つめることはできないのである（ためしに「は」と「が」を逆転させたり、「は」と「は」や「が」と「が」など別の組み合わせで、この文に付けてみると不自然になることがわかるだろう）。

また、この文についてもうひとついえることは、それが図7－6の左図のように、共同注視の入れ子構造（2章参照）の形を成しているということである。ということは、「私」は、太郎が成す出来事の観客であり、また、話全体の中の中心人物でもある、ということになる。

この本では、日本語の視点は自分カメラであり、英語の視点は観客カメラである、という基本的な考えのもとで話を進めている。しかし、日本語も、話が長く大きくなると、その全体を見つめ、つなげる観客的な視点が必要になる。そこで、この役割も兼ねているのが「は」である、と考えられるのである。

## 物語の主人公を生みだす「は」の働き

「は」は主題、もしくは題目を表すともいわれる（たとえば三上 一九六〇、一九六三）。このことも「は」の話の大枠を作り、他を隠す働きに関係している。主題を設けるということは、何かを取り上げ、それについて述べていくということである。世にあるすべてについて、一挙に述べてしまうことはできないから、何かに絞って述べていくことになる。そして、絞るということは、他の多くを隠し、見えなくすることである。

この、主題を示す「は」の働きは、文章のレベルを超えて、物語という、もっと大きなことばの世界を生み出すこともできる。たとえば夏目漱石の『吾輩は猫である』のように、小説の主人公を示す場合にも「は」が用いられることになる。主人公が多すぎては物語は成り立たない。今回は、この人物に絞って、その行動を追っていこう、という設定で作られているのが物語の基本である。

ところで、この、物語というものを作るとき、英語と日本語ではやや異なる方式を取っているように見える。英語では3章で述べたように、あらかじめ舞台を作り、その上に主要人物を置き、物語を動かし始める。しかし、日本語では主人公の役割が大きいように思われるのである。このことを『吾輩は猫である』冒頭部の原文と英訳（夏目／ズフェルト訳、二〇〇六）を対照することで見ていこう。

吾輩は猫である。名前はまだない。

どこで生まれたのかとんと見当がつかぬ。何でも薄暗いじめじめした所でニャーニャー泣いていたことだけは記憶している。

I am a cat. I have, as yet, no name. Where was I born? I have no idea. I only remember crying in a dark, wet place.

一見してわかることは、日本語文では主語を示すことばが第一文の「吾輩」だけであるのに対して、英語文では「I」が五つ、つまり各文ひとつずつ付いているということである。このことは、日本語文の出だしの「吾輩は」の威力を示しているのではないか、と思う。「吾輩は」で始まったところで、猫を主人公とした物語の大枠が作られているのである。以下、いろいろ述べられていくが、それは吾輩＝猫にまつわることであることが暗示されている。それだけ、「は」は、読者の視点を主人公に向かわせる牽引力をもっているのである。

これに対して、英文では、文を作るたびに、I、Iと、Iに名乗りを上げさせなければならない。このことは、英語の物語ではやはり舞台の方に重みが置かれており、主人公であっても、常にその存在をアピールしておかなければならないしくみがあることを示しているのである。

# 8章

# 英語はなぜ単数・複数にうるさいのか？

## 舞台を設定することのデメリット

前章と前々章で見てきたように、日本語では視界の定め方が自由である。第一に、前々章で述べたように、「これ」「それ」「あれ」などの指示詞を自在に使うことによって、話し手は聞き手の視界を自由に方向付けることができる。また第二に、前章で述べたように、「は」と「が」を用いることでズームイン、ズームアウトの操作をし、視界に取り込む範囲を自由に変えることができる。

ところが英語には、このような自由さが欠けている。それは3章で述べたように、あらかじめ舞台を設定し、その上に人や物を乗せて観客席から見つめる、という基本姿勢をとっているからである。つまり、英語カメラの映像は、舞台というものがあらかじめもっている大きさによって制限を与えられている。そのため、日本語カメラの映像のように自由に画面の方向や捉える範囲を変えることができない。

## 舞台を設定することのメリット

では、英語は、日本語と比べて不自由なだけの言語なのかというと、そんなことはない。舞台という枠を作っておくことで、その中に収まっているものをしっかり分析していくしくみをもっているのである。

日本語の視界は会話の中で移ろっていく。そのため、出たとこ勝負のところがあり、そこがどのような構造になっているか、をあまり意識しない。しかし、英語には、3章で述べたように、あらかじめ舞台配置をどのようにしておくかについての構えがある。だから、会話をするときには常に、一定の広さの空間とその中に収まる物や人の数を意識している。

## まず複数形で大きく捉える英語

だが、英語のこの厳密さが、日本人にはわずらわしさを感じさせるようなことばの使い方を求めることになる。そのひとつが、単数と複数の使い分けである。

日本人は、たとえば、話の内容が相手の家族に及んだとき、こんな話し方をする。

「お子さんはいらっしゃいますか？」

そして、これを英語でいおうとすると、次のような文を作ることが多い。

"Do you have a child?"

しかし、これは適切ではない。これでは「一人のお子さんをおもちですか？」と、わざわざ一人に限定して子どもの有無を聞いていることになる。だから、次のように問い、たとえば次のような答えをもらうのが自然である。

"Do you have children?"
"Yes, I have a boy and two girls."

この種のことばの使い方はいろいろな場面で現れてくる。たとえば、明日、何か予定があるかどうかを英語で聞こうとすると、日本人は次のように表しやすい。

"Do you have a plan for tomorrow?"

しかし、これも誤りである。正確には次のようにいわなければならない。

"Do you have any plans for tomorrow?"

これも、予定はひとつとは限らないからである。だから、あらかじめ、複数形を用いて、対象領域を広くとっている。これと関連して、"a plan" や "an idea" などを用いる場合は、「ある計画」や「ある考え」を示すことになるから、特異性が高まるのである。

### なぜ英語は数や所有にこだわるのか?

英語はなぜこのように、あらかじめ複数の形で物事を考えているのだろうか? それは、英語が、3章で述べたように、多くの人や物を配置できる舞台のようなものを想定してことばを組み立てていること、また4章で述べたように、そこに足し算の方式でいろいろなものを置いていく働きをしていることが関係しているようである。

ところで、英語がこのように舞台のようなものを想定しているとしたら、その舞台にはまだ何も乗っていない状態、つまり空っぽな状態もあることになる。それが、次のような、英語ではよく使われる、ｎｏを用いた表現である。

"I have no child."（私には子どもがいない）

なお、この場合は、"no children" としてもよい。複数あることを前提にしてことばを用いる態度がここにも表れているのである。そして、このような表現は、次のように、直接目に見えない事柄についてもよく用いられる。

"I have no idea."（わからない）
"I have no plan."（予定はない）

ここで、英語表現を舞台以外のものにたとえてみると、それぞれの物事について、その中に多くのものが入る容器のようなものが用意されていて、容器の中が空か、ひとつ入っているか、複数入っているか、を常に意識しているといえるだろう。

一方、日本語には、このような物事の捉え方はない。ひとつひとつのものにまず注目し、そこから少しずつ他のものにも話を広げていく、という方式をとることが多いのである。

### 極大・極小、あらゆる世界を舞台の上に

以上述べてきたことから、英語とその話し手は、所有する物の全体を種類によって分け、また、それぞれの数をきちんと把握する態度をもっているようである。つまり、対象領域の部分と全体のイメージを作っておこうとしている。そして、このような態度は、所有物に限らず、外界にある、大小あらゆる世界に向けられているように見える。

たとえば、大きなものの例としては、天体を、オリオン座、おうし座というような星座の集まりとする見方がある。星座は英語では、"constellation"日本語にすると、一群、集団、配置というような意味がある。つまり、天体というとてつもなく大きなものを星座によって区分し、個々の星をその中に配置する。こうして、天体の全体と部分の関係を捉えられるようにしている。それは、舞台上を上下左右に区切り、そこに人や物の数を確認しながら配置していくやり方と共通している。

このような視界の区分の仕方は、小さな世界にも当てはまる。その例が顕微鏡で見る世界である。顕微鏡は、大空を覗く天体望遠鏡と並び、微小な世界を覗く、西洋人が発明した道具である。

ここで興味深いのは、図8－1に示したように、顕微鏡に備わっている、観察対象を載せる台がステージ（stage）と呼ばれることである。観察者は、その上に置かれた物をレンズを通して拡大し、広がりのある世界として観察していくわけだから、そこは確かに舞台である。たとえばそれが血液なら、次のような文章で説明される。

えーと、この中に
赤いのが6個、
白いのが2個、
それから・・・
ステージ

図8－1　顕微鏡のステージ

Red blood cells
White blood cells
Platelets
Together, these three kinds of blood cells add up to a total 45 % of the volume of the blood tissue by volume, with the remaining 55% of the volume composed of plasma, the liquid component of blood.（出典：https://en.wikipedia,org/wiki/Blood_cell)

赤血球、白血球、血小板。これら三種の

血球は血液組織の容積の四五パーセントを占める。あとの五五パーセントは血漿、つまり血液の液体成分である（著者訳）。

この英文を見て気づくのは、赤血球にも、白血球にも、血小板にも複数形を示すｓが付いており、また、この三種を示す"kinds"にもｓが付いていることである。顕微鏡観察では、その領域にどのような種類のものがいくつあるか、また、何種類あり、それぞれが全体のどれだけの範囲を占めているか、が重要になる。つまり、全体と部分の関係をきっちり観察しておくことが重要であり、それをことばの端々に渡るまで表しておかなければならないのである。

## 客観重視の英語世界

これまで述べてきたように、英語とは、ことばでいい表そうとする世界を、あたかも観客が舞台上の物事を見つめ、その全体について分析するような方法で述べていく言語である。つまりそれは、文字通り客観的な視点をとる言語といえる。

「客観的」ということばは"objective"という英語の日本語訳だが、客が見るような、という漢字の並びとなっており、面白い訳語を考えたものだと思う。"object"は、対象や目的を意味することばだから、"objective"をそのまま訳すと「対象的」とか「目的的」となる。つまり、本来は、物事を対象化してかかわること全般を意味しているはずである。

しかし、対象をじっくり観察しようとすれば、そこから少し離れて全体を見渡すことが必要になる場合が多い。つまり、その場に飲み込まれるのでなく、外から、いわば客としての立場で観察する必要がある。だから、「客観的」という訳語は“objective”という語がもつ、このような側面を表しているのである。また、それは、英語の特性を客が舞台を見る視点にたとえる、私の考えにもぴったり当てはまるものである。英語は、問題とする事柄の全体を舞台上に乗せて、それらを余すことなく分析、総合しようとする態度をもっている。また、取り上げる対象が数えられる名詞であるか、数えられない物質名詞や抽象名詞などであるか、についても常に区別して表している。つまり、舞台上にあるものの種類や数をしっかり押さえながら言語を構成しているのである。

このような西洋的な思考法は、社会的な場面では、議会での票決の際に、議場閉鎖することにも表れている。票決では、そこに、何人の人がいて、そのうち何人がどのような判断を下したかを、きっちりつかんでおかなければならないからである。そのために、議場の出入り口を閉じて、その時点での議員の数と票の出方を管理しているのである。このような考え方が統計学のような手法を生み出し、現代の科学的な方法の主流を作ってきたといえる。

ちなみに英語の科学論文では、共著でなく単著であっても、筆者のことをｗｅで表すのが一般的である。また、科学関係の書籍でも、単著であっても筆者の判断が、たとえば "We considered that~"（われわれは~と考えた）というように、ｗｅを用いて表されることが多い。つまり、それが個人の主観的な見解でなく、多くの者が共通して認識したものであることを表明しているのである。

しかし、最近では、科学的な書籍でも、Ｉを用いて考えが述べられることが多くなっているように思う。それは、個人の見解や個人の発見の意味を見なおし、そこに科学研究の新しい糸口を見つけ出そうという見方も評価されるようになっているからだろう。

### 主観重視の日本語世界

これまで述べてきた英語の特性と異なり、日本語は、話し手や聞き手の視界に世界がどのように映っているか、を基本にして作られている。だからそれは、話したり聞いたりする当人の視点にもとづく、という意味で主観的な言語といえる。

一般に主観的な物事の見方は好ましくなく、そのような態度をとっている人は、もっと客観的な態度をとるべきだ、と注意されることが多い。このような判断は正しいことが多いが、しかし、主観というもの自体を否定するべきではない。人間は人間である限り、身体に付いた自分の目で世界を見ることしかできない。だが、自分が見ている方向や範囲は限定されているから、他の人々の目が見ているものを借りてくる必要がある。それが客観というものの基本である。だが、借りてきたその目も、各々の身体に付いた個々の目であることに変わりはない。また、何らかの計測器を使う場合も、その数値を確認するのは人の目である。

世界の中で、生き、動き、そこに働きかけているのは、それぞれの主体である。そこから離れ、物事を他人事のように外側からだけ見るのは、傍観者的とも、客観主義的とも呼ばれ、当事者の立場を理解しない態度とされる。「主観的」についても、「客観的」についてしたのと同じように、対応する英語を調べてみると、“subjective”となる。この語は“subject”から来ており、「主観」だけでなく、「主体」とか「主語」という意味ももっている。人が実際に行動するときには、その人が見ている世界、つまり、かかわっている事柄を近くでしっかり見つめ、捉えておく必要がある。日本語は、このような、積極的な意味での主観性、いいかえれば主体性を表しやすい言語であるともいえるのである。

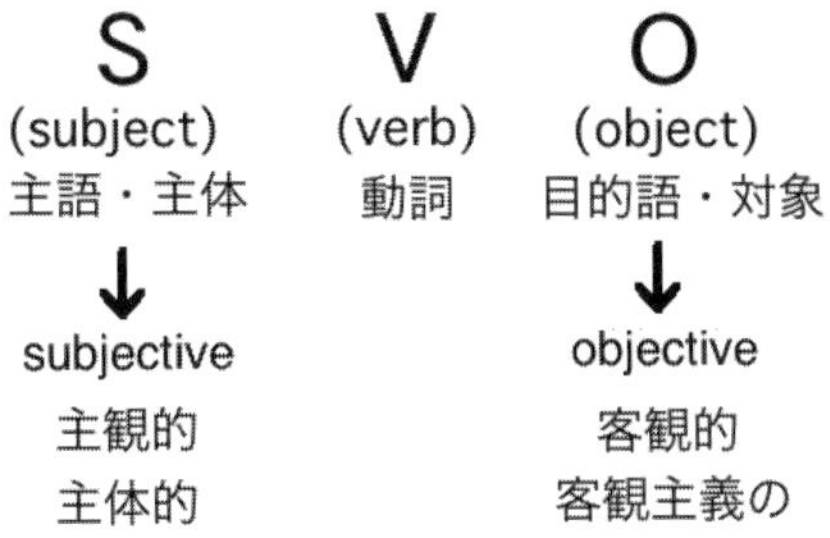

図8−2　S・V・Oの意味

“subject”と“object”は、英語はS・V・O（主語・動詞・目的語）の語順である、というときのSとOに相当する（図8−

2）。客観とは対象を外側から見、働きかけることだが、それをおこなっているのは主観なのである。

観察範囲を決めて、それを客観的に分析しようとすると、先に述べたように数で表すことが多い。しかし、数による捉え方では、たとえば五人とか五個と数えるとき、その個々のものの中身は問題としないことになる。数で表すときには、常に抽象化の過程が伴うのである。しかし、これに対して日本語は、個々の対象を身近で見つめ、その動きをしっかり追い続けやすい特性をもっているといえる。

なお、以上のことは、学問の研究方法全般にかかわる問題なので、最終章でもう一度取り上げることにしたい。

# 9章

# 英語の名詞にはなぜ冠詞を付けるのか？

## 日本語には見あたらない英語の要素

日本人にとって英語はむずかしい。中でも一番といってもいいくらいむずかしいのが冠詞である。どうしてそんなにむずかしいのかというと、日本語にはそもそも冠詞に相当するものが見あたらないからである。

一般に、日本人がおかしやすい英語のミスの第一と第二は冠詞と複数形であるといわれている（ウェブ 一九九一など）。だが、複数形については日本語でも、「私たち」とか「それら」というように複数形であることを示す方法がある。しかし、ａ、ａｎ、ｔｈｅというような冠詞については、それに相当するものが日本語に見あたらない。ここに根本的なむずかしさがある。

だから、日本人が不用意に英語を書いたり話したりするときには、1章でも例を挙げたように無冠詞になることが多い。そして、英語には日本語にはない冠詞というものがあることに気づくと、あわてて、aやtheを名詞の前に付けると、取り違えていたり、その場合は無冠詞だったりするのである。では、そもそも、なぜ、英語には冠詞などというものが存在するのだろうか?

この疑問に対する私自身の答えは、3章でも述べたように、舞台に登録されたもの、あるいは、あらかじめ登録されているものに目印としてtheという定冠詞が付けられ、未登録のものにa/anという不定冠詞が付けられる、というものである。しかし、まずは、冠詞というものが一般にどう捉えられているか、を見てみることにする。その上で、私の考えにもとづいた冠詞全体の位置づけをおこなってみたいと思う。

### theを付ける場合の定義が多すぎる

英語の冠詞の世界には定冠詞(the)と不定冠詞(a/an)と無冠詞がある。この中でも日本人にとって一番わかりにくいのが定冠詞、theである。

無冠詞や不定冠詞のルールは日本人にも比較的わかりやすい。数えられないものを表すときや複数形の場合は無冠詞が基本である。また、数えられ、単数のものは不定冠詞が基本である。

ここまではいいのだが、これらがしばしば、定冠詞、ｔｈｅが付く名詞に変身するのである。そして、この変身のきっかけになるものが何なのか、日本人には非常にわかりにくい。

ところが、英語ネイティブの人々は、この変身のしくみを知っているようである。しかし、どのように知っているのか、というと、彼らもそれをうまく説明できないのではないか、と思う。その証拠に、オックスフォード英英辞典でｔｈｅの項を見てみると一〇種類、ロングマン現代英英辞典で一七種類、コウビルド英英辞典で一九種類もの定義が並んでいるのである。同じ語の使い方について、これほど多くの種類の定義が必要になっていること自体が、そこに統一したイメージを示しにくい事情が潜んでいることになる。ことばの使い方というものは習慣や時代変化によって変わっていくものである。しかし、英語ネイティブの人々がほぼ間違いなく冠詞を使いこなしているということは、そこに背景となるルールが存在しているからではないか、と思う。

わかっているのに、それをうまく説明できない、というのは、日本語を話す日本人でもよくあることである。そのよい例が、7章で述べた、「は」と「が」の区別である。私自身も何度か、日本人の学生たちを対象に、文中の助詞を「は」と「が」の中から選ばせるテストを実施してみた。すると、彼らは、ほとんど完璧に正しい選択をすることができたのである。にもかかわらず、なぜその選択をしたのかについては、まともな説明をすることができなかった。

「は」と「が」の区別は、日本語学者のあいだでも、長年、論争のテーマになっているから、それは無理もないことである。

これと同じことが、英語におけるtheをa／anとどう区別して用いているのか、についてもいえるのではないか、と思う。英語の話者は英語の中にどっぷりとつかっている。だから、そこで無意識に使われているしくみは見えにくい。だが、私のような英語の圏外で生きている者には、そのような無意識に働くしくみは作られていない。だから、それを意識の上で働くしくみに作り変えていかなければならないのである。それは、この問題を解明していく上では、かえって有利な立場かもしれない。

## theのイメージをまとめてみることはできないものか？

そこで、定義が多すぎるtheのイメージをできるだけまとまったものにしていくために、日本人の、英語の初学者のために編まれた辞典（吉田研作編『プログレッシブ中学英和辞典』小学館二〇一四）を覗いてみることにする。すると、そこには、次のような定義が書かれている。また、表9－1は、その用例の一部である。

①前に出てきた名詞につける

表9－1　theの各定義の用例（一部）

| | |
|---|---|
| ① | This is a tree in the garden. The tree is very tall. |
| ② | Close the window, Mike. |
| ③ | the letter in the drawer |
| ④ | the earth　the sun |
| ⑤ | play the violin　The whale is a mammal. |
| ⑥ | the Nile　the Philippines　the Jacksons |
| ⑦ | the rich　the young |
| ⑧ | These ribbons are sold by the meter. |
| ⑨ | He caught me by the arm. |

②前後の関係で相手がどのものをさしているかわかっている名詞につける
③関係詞節やｏｆ…など説明の語句がついて限定されている名詞につける
④一つしかないものにつける
⑤単数形の名詞につけて、…というもの
⑥一部の固有名詞につける
⑦形容詞につけて、…の人々
⑧単位を表す名詞につけて、…単位で
⑨体の一部をさす語につけて

初学者にとって、九つの定義はやはり多い。そして、一見して、これらをひとくくりにできるようなイメージは湧いてこない。また、ここには、たとえば、"the best"とか"the first"というような、等級に関する語につけられる場合が含まれていない。だが、これらは実際にはよく使われる用法なのである。だから、これらの定義は、むしろ数多い定義の中から抜粋したものであり、全体をまとめたものとはいえない。また、同じ定義の中に異なる内容のものを入れている可能性もある。だから、これらはｔｈｅを選択することになった結果を並べているだけで、その結果を導き出したプロセスが表されていないのである。

この中で、①の定義はわかりやすい。用例①のように、最初に出てきたもの（a tree）が次に出てきたときにはｔｈｅが付く（the tree）というルールであり、すでに3章で述べたものである。ここでは、庭（the garden）がある種の舞台となっており、そこに登録されると、次はｔｈｅに変身するのである。

では、以下の数多くの定義にはどのようなイメージを与えたらよいのだろう？　実は①と同じように、舞台上に登録されているものにはｔｈｅを付ける、というルールがすべてに当てはまる、というのが私の基本的な考えである。

## 「特定する」とはどういうことか？

定義が多すぎるｔｈｅに統一したイメージを与えようとする試みはいくつかある。中でも最もよく目にするのは「ｔｈｅは特定するものに付ける」という説明である（セイン二〇一五など）。確かにｔｈｅはどのことばにも付けられるわけではなく、特定されたものにだけ付けられる。だから、この定義はすべてのｔｈｅの定義に当てはまるように思える。しかし、特定するとはどのような行為で、それがなぜｔｈｅに結びつくのだろうか？　ここで、ｔｈｅでなくａが付く場合について考えてみよう。

①There is a garden.
②I have a car.

これらの文では、諸物の中で庭（a garden）や車（a car）が選ばれて、それについて述べられている。この、選ぶという行為がある点ではｔｈｅが付くことばの場合も同じである。私たちが何かを語るということは、世界の中の何かを選んで文を作るということである。あたりまえのことだが、世界のすべてについて一挙に語ることはできない。だから、選択する、というだけでは、ａが付く場合にも、ｔｈｅが付く場合にも当てはまってしまう。

①と②の文に選択はあっても特定化はないのは、選んだものがどこにあるか読者にはわからないからである。庭があることや車をもつことはわかっても、まだ、その所在はわからない。だから、特定するとは、その在りかを定めることである。

## 共有空間で特定されたものにｔｈｅを付ける

だが、①と②の文にもう一度戻って考えると、この文の話し手にとっては、庭や車の在りかがわかっている。しかし、聞き手にはそれがわからない。だから、話し手と聞き手が共に場所を特定できるときにａでなくｔｈｅが使われる、といえそうである。つまり、それが二人の共有空間にある場合においてである。

この「共有空間」ということばは、先の①や②の定義にはよく当てはまる。すでに出てきたものや、その場にあるものは、話し手と聞き手が共有している。

しかし、ｔｈｅの定義はまだまだ多く、この二つ以外について、どう説明したらよいか、という問題が依然として残る。

実は、ここには、「共有」ということについての日英の捉え方のちがいが潜んでいるのではないか、と思う。ここで、再び、自分カメラとしての日本語の視点に話を戻してみることにしよう。日本語は、間近にいる二人が共同注視する世界について語ることを基本にしている。すると、そこで共有されている空間は、これまで述べてきたように、比較的狭く、また、移ろいやすいものである。私たち日本人は、このような視界のもとだけで「共有空間」をイメージしてしまいやすいのではないか、と思う。

## 英語がもつ構造化された共有空間

では、英語の話者はどのような共有空間をもっているのだろうか？　それは、1章以来、何度も述べてきたように、比較的広い視界をもつものである。また同時に、その広い空間の内部が区分され、構造化されたものである、と考えられる。

その空間は、前章で述べたように、全体と部分の関係を意識して作られている。そこで、全体をどのように部分へと区分しているのか、というと、上下、左右、前後、東西南北などについて、である。英語を話す人々は、あらかじめ、このように構造化された共有空間（より正確にいうと、それは時間にも及ぶ。11章参照）をもっていて、そこに話題とする人や物を置いていくのではないか、と思う（図9－1では、その様子を三次元の座標の中にいる人の姿として表してみた）。つまり、英語によって語られる空間を舞台にたとえると、そこにはあらかじめ、大道具、小道具や人物の置き場として、このような共有空間が設定されていると考えられるのである。

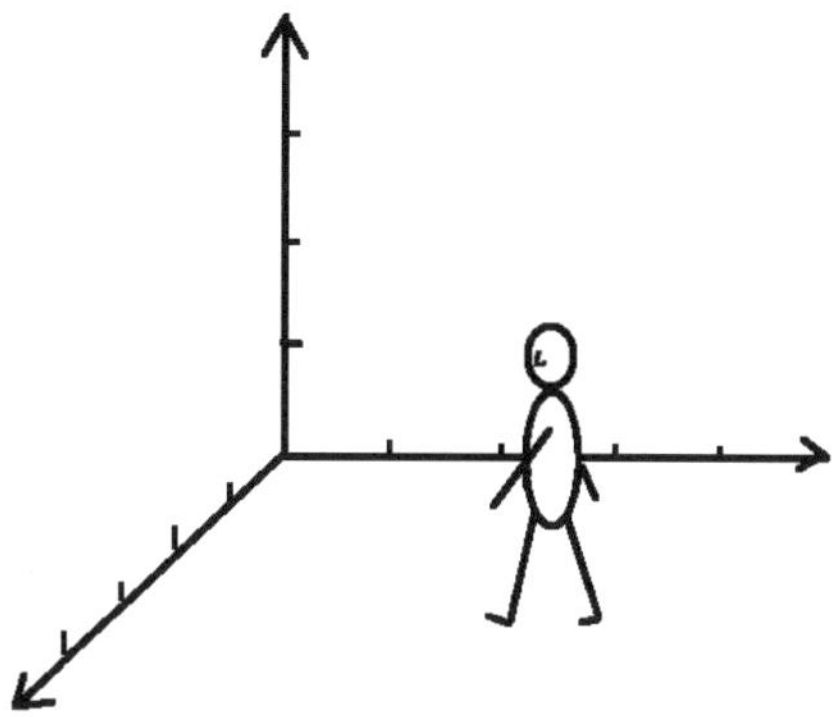

図9－1　舞台の概念的な設定

もちろん、現代の日本人は、長さ、比率、上下、前後、左右、角度などについて英米人と同等の厳密な空間概念をもっている。しかし、それらは日本語にあらかじめ備わっていたものではない。たとえば、私たちが現在ではあたりまえのように使っている「時間」「空間」という、外界全体を捉えるための基本的な用語も、明治以後に西洋から翻訳語として入ってきたものである。一方、西洋の時間・空間概念の源流は古代ギリシャの自然哲学にまで及ぶ。

つまり、英米人は、西洋文化の長い伝統の影響を受けながら、構造化された共有空間と共有時間を構築してきたと考えられる。そこで、このように設置された構造の中に居場所が見つけられたものにはｔｈｅが付けられるのではないか、と思う。だから、冠詞は、フランス語、ドイツ語、イタリア語など、西洋の他の多くの言語にも見出されるものなのである。このような事情があるため、定冠詞ｔｈｅは、いま話したから、とか、その場にあるから、というような直接的な位置づけでなく、もっと概念的に位置づけられているものにも付けられる。たとえば、④の用例で挙げた太陽や地球も、その場で認められるというより、概念的な共有物である。また、"The sun rises in the east."（太陽は東から昇る）というときの"the east"も、東西南北という空間的な区分の一部を成しているからｔｈｅが付いていると考えられるのである。

英語には、以上のような概念世界での特定化まで入ってくるので、ｔｈｅの世界は広がり日本人には非常にむずかしいものになっていると考えられる。

### ひとまとめになったものにはtheを付ける

ところで、ここで共有空間として述べてきたものは、先ほども述べたように、英語世界がイメージしている舞台というものに相当する。英語が設定する舞台は、もちろん、実在する個々の舞台とは限らない。話題としている世界が、大きな場合も小さな場合も、具体的な場合も抽象的な場合も、その都度、舞台になるのである。そして、集団になっているもの、まとまっているものは、舞台に乗せやすい。また、それ自体で話題空間、つまり舞台を構成することが可能である。この捉え方は、先に挙げた⑤から⑦までの定義に相当する用例（表9－1参照）に当てはまる。

⑤ The whale is a mammal.（クジラは哺乳類だ）
⑥ The Philippines（フィリピン）　The Jacksons（ジャクソン家の人々）
⑦ The rich（裕福な人々）　The young（若者たち）

これらはすべて、何らかの集合を表している。クジラは、ある一匹でなく、そのグループである。また、フィリピンという国は、非常に多くの島の集合として成り立っている。そして、ジャクソン家の人々も、裕福な人々も、若者たちも集合である。また、日本人を集団として表すときにも、"the Japanese" という。このように、ことばの舞台を作り、そこに集団としてまとめて置かれたものにはtheを付けると考えられるのである。

## 集合の構成要素にもtheを付ける

ところで、集合は多くの部分によって成り立っている。だから、集合の全体だけでなく、集合を構成する一部であることがわかるものにもtheが付けられる。それらは個体であっても、集合に結びついているから個々バラバラな存在ではない。集合と結びついてその存在が認められているのである。この用例を、先の⑤、⑧、⑨（表9－1参照）について見てみることにしよう。

⑤ play the violin（バイオリンを演奏する）
⑧ These ribbons are sold by the meter.（これらのリボンはメートル単位で売られる）
⑨ He caught me by the arm.（彼は私の腕をつかんだ）

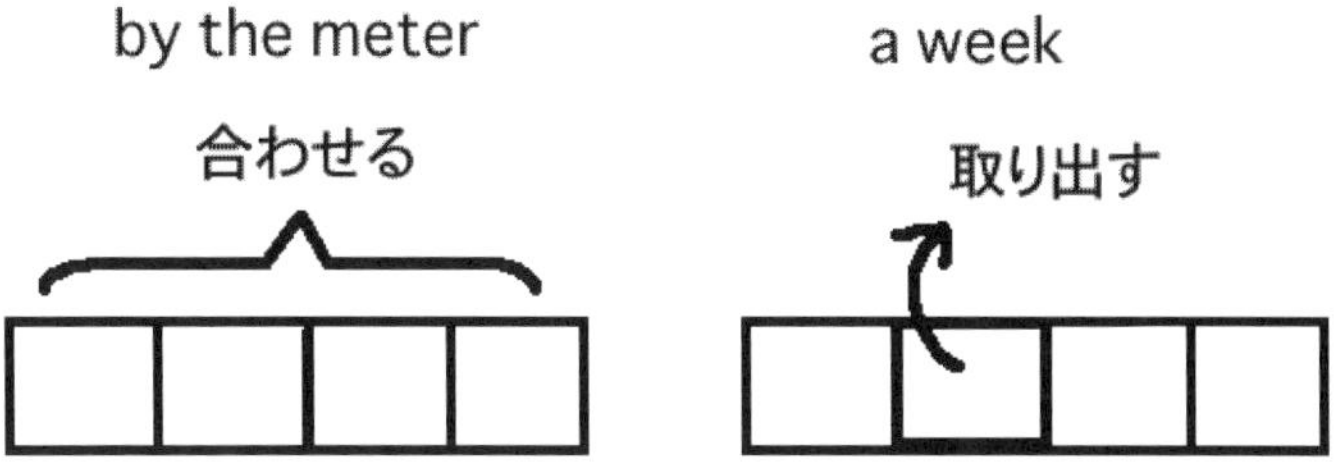


図9－2　長さを合わせる場合と取り出す場合

⑤の例文で、バイオリンになぜｔｈｅを付けるのか、私たち日本人にはわかりにくい。しかし、同じような文で、“play tennis”や“play baseball”にはｔｈｅが付かない。テニスや野球は競技名である。これに対して、バイオリンは数ある楽器の中のひとつである。また、ピアノの場合も、“play the piano”という。これらは楽器という集合体の中の一部である。そして、楽団の中では、それぞれのパートを担う存在となる。このように考えると、集合の一翼を担うことばとしてｔｈｅが付いていると考えられるのである。

では、⑧の、「メートル単位で」にはなぜｔｈｅが付くのか？これについては、図９－２の左図を見ていただきたい（右図については後述）。リボンの長さは何メートルにもわたっている。メートルは、それを区切っていく単位であり、全体を構成する一部分である。同じ用法としては、グラム単位で（by the gram）というものもある。つまり、部分は全体の一部を成しているのでｔｈｅが付くのである。

また、次の⑨の文の中の腕は、身体の一部である。つかまれるのは肩や脚かもしれない。だから、身体という全体構造の中の一部を

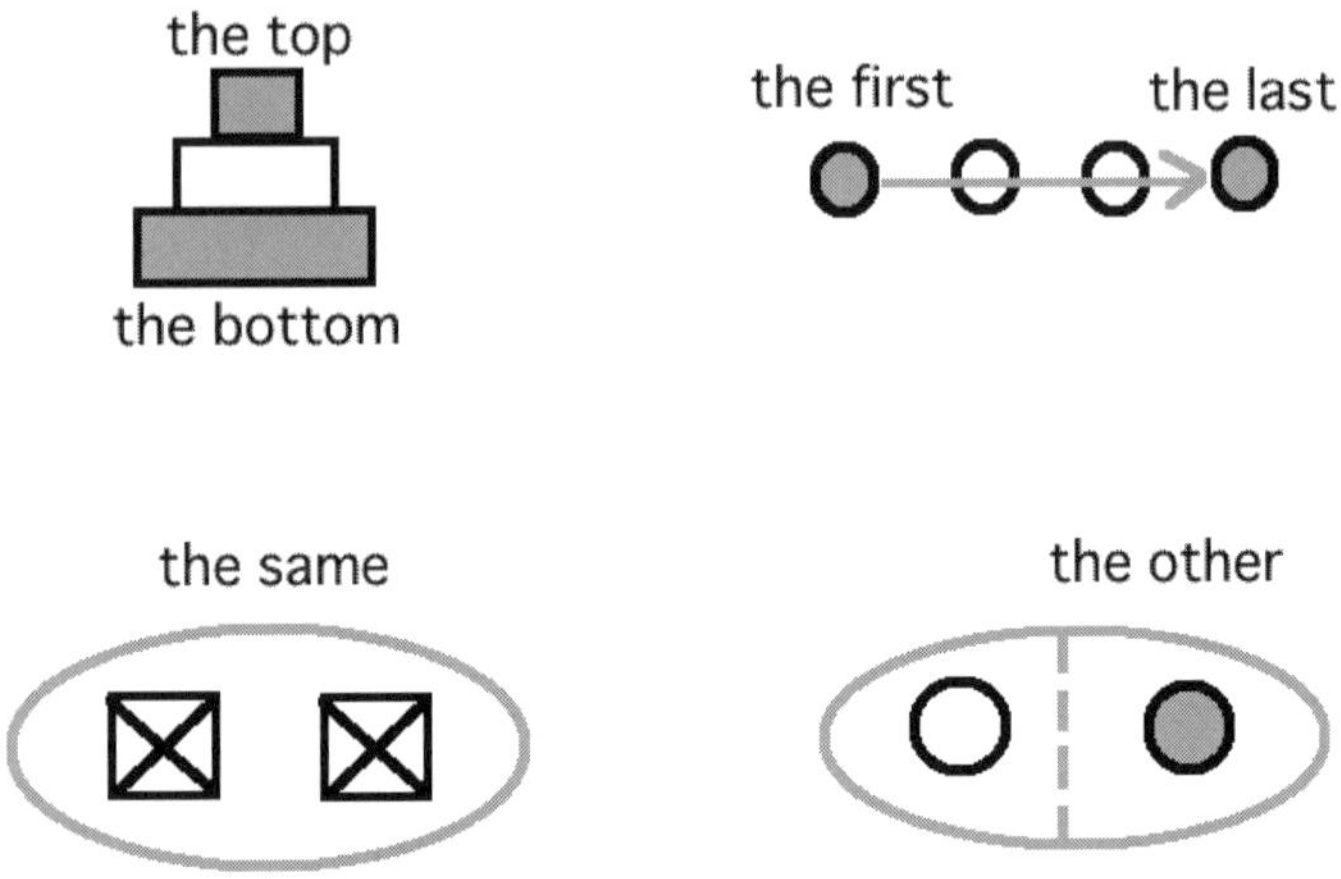


図９－３　the が作る集合的な関係性

示すから、ｔｈｅを付けるのである。

ところで、すでに述べたように、先の辞書の定義には含まれていないけれど重要な、ｔｈｅの用法がある。それが、"the top" "the first" "the same" "the other" などの形で表れる場合である。これらの語も、図９－３に示したように、すべて、他のものとの関係性のもとで位置づけられている。つまり、それを含む集合があることが前提になっているのである。"the top" は "the bottom" に下から支えられており、"the first" は "the second" 以下の順位との関係の中で定まる。また、"the same" は他に同種のものがあって初めて成り立つ。そして "the other" も、先行して述べられたものがあって初めて成り立つのである。つまり、これらはすべて、事柄の集まりがイメージされる中で位置づけられている。そのことを示すのがｔｈｅ

表9－2　aの各定義の用例（一部）

| | |
|---|---|
| ① | a bag　a girl　I am a student. |
| ② | A cheetah can run faster than a lion. |
| ③ | twice a week　It costs five hundred yen a kilogram. |
| ④ | a Mr. Tanaka（田中さんという人）　a Brown（ブラウン家の中の一人）　a Picasso（ピカソの一作品） |

なのである。

### theとaは辞書の定義では区別しにくい

ところで、theの定義に当てはまらないのがa／anである、と話を進めたいところだが、辞書的な定義を見る限りでは、そのように思考が進んでいかない。ここで、再び、先の辞書を開いて、a／anの項を見てみると、四つの定義があり、表9－2のような用例（抜粋）が載っている。

①一つの、一人の、ある
②というもの、どの…も
③…につき、…ごとに
④…という人、…の作品

実は、この中の①を除くすべての定義が先に示したtheの定義に重なる内容になっている。つまり、②は、theの⑤「…というもの」に、③は、theの⑧「…単位で」に、④は、theの⑥「一部の固有名詞につける」に重なってしまう。ということは、辞書上の定義だけでは、theとaは区別できないことになってしまうのである。

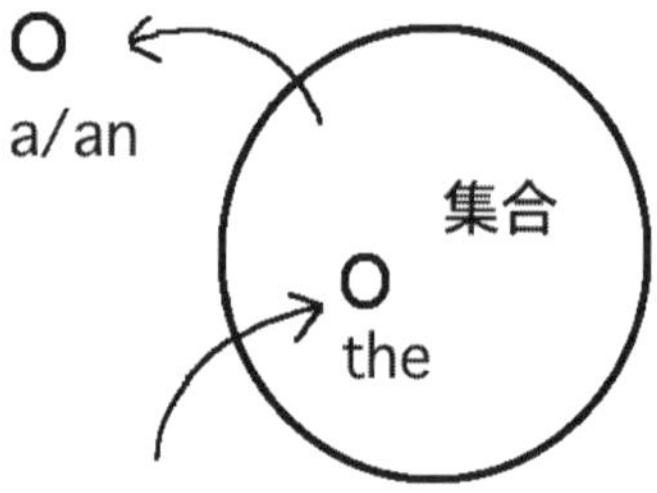

図9－4　抜ける場合と加わる場合

## theとaの反対方向のベクトル

では、日本語にすると同じような表現になってしまう、これらのことばを、どのようにすれば、theとaのそれぞれの方向に分けることができるのだろうか？　その手がかりは、先に述べたような、a、anが付くことばの居場所のなさにある。theが付くことばは、これまで述べてきたように、その場で、または概念的な場で、居場所をもっている。しかし、a、anの付くことばはそうではない。

②の文の“a cheetah”は、どのチータを取り上げてみても、という意味である。また、③の“a week”や“a kilogram”は、どの週か、何の重さか、に関係ない条件で使われている。図9－2の右図に示したように、どの一週やどの一キロを取り出してもいいのである。また、④の人や作品は、いずれかの人や作品であることはわかるが、その中のどれかはまだ特定されていな

い。つまり、それらは、図9－4に表したように、集合の中に収まっておらず、そこから取り出された一個のものであることを示すためにａが付いているのである。しかし、それらが集合の中に戻ると再びｔｈｅになる。たとえば、一頭だけ取り出されたチータは、"a cheetah"だが、それを集合の中に戻して動物の種として捉えると"the cheetah"になるのである。

ところで、このような種の特性を表すような場合、英語には複数の表現があるので日本人には非常にわかりにくい。たとえば、表9－2の②の文の和訳「チータはライオンよりも速く走ることができる」を英語にすると、以下のような三種の文になる可能性があり、どれも間違いとはいえない。

① A cheetah can run faster than a lion.
② Cheetahs can run faster than lions.
③ The cheetah can run faster than the lion.

これらは総称的な用法といい、日本語にすると同じになるが、英語ではそれぞれがニュアンスのちがいをもっている（石田二〇〇二など参照）。①は、チータとライオンを集合から一頭ずつ取り出した場合だからａが付いている。②は、サンプルとして、それぞれ数頭を取り出し

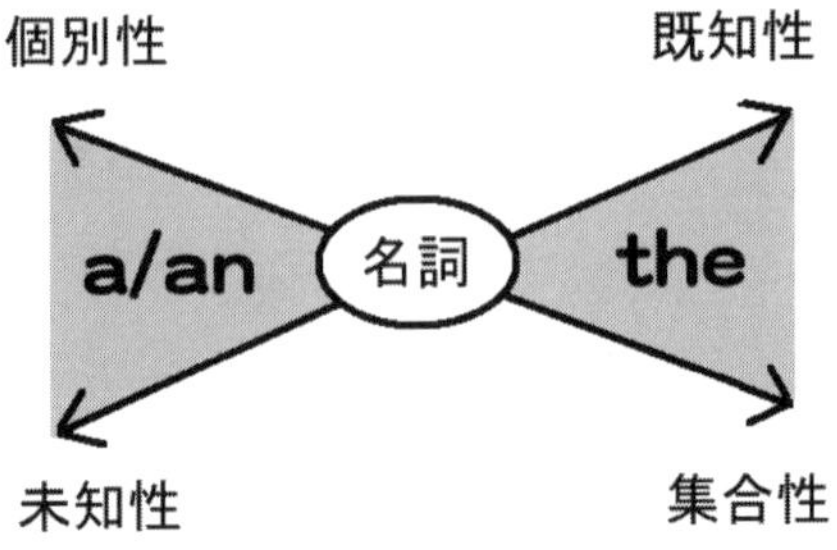


図9－5　a/anとtheの適用範囲

た場合だから複数形になっている。そして、③は、各集合の共通した特性として述べているからｔｈｅが付いている。つまり、このように、比較したり定義する場合にも、英語はいちいち集合というものを意識しており、日本語にすると表れないようなところで表し方を変えているのである。

以上のように見てくると、ｔｈｅとａ／ａｎが作る領域は、それらに付けられている数多くの定義によってではなく、反対方向に向かう二種類のベクトルによって区別されると考えられる。それらは、図９－５に示したような、「既知性」対「未知性」と「集合性」対「個別性」という、反対方向に向かう二つのベクトルである。そして、既知性と集合性に向かう領域にある場合はｔｈｅが付き、未知性と個別性に向かう領域にある場合にはａ／ａｎが付けられることになる。既知性とは、舞台上でその存在がすでに認められており、共有性が高いことを意味する。一方、未知性とは舞台上でその存在がまだ認められておらず、共有性の低いことを意味する。また、集合性とは集団的なまとまりを成している場合やその構成物になっている場合である。一方、個別性とは集団内に特定の位置を占めず、どこかの任意のひとつという意味である。

## なぜ二種類のベクトルになるのか？

ところで、なぜここで、二種類のベクトルが必要になるのか？　それは、ｔｈｅが、舞台上に具体的な姿で現れて登録されているものと、舞台を抽象的な概念として構成するものの両方に付けられるからである。だから、前者の場合は、その対象が舞台上で認知されているか、まだ認知されていないか、というベクトルになる。一方、後者は、舞台を抽象的な概念として構成するための集合性を備えていればｔｈｅの方向に、集合から離れて個別に向かえばａ／ａｎの方向に向かうことになる。

個々の単語を見ていくと、この二種類のベクトルの特性の両方を備えている場合と、一方の特性は強いが他方はそうでない場合がある。たとえば、"the United States of America"（アメリカ合衆国）の場合は、既知性も集合性も高い。他方、"the sun"は、世界にひとつで個別のものだが、既知性が非常に高い。また、天体を構成するものと見なせば集合の要素である。また、"twice a week"（週に二回）というときの"a week"は、年、月、週、日という構成体の中の一員という意味では集合的だが、ここでは、一週だけを取り出した場合という、個別の側面が強調されている。このように、両方のベクトルに合う条件を十分に満たしていなくても、一方のベクトルの意味を特に強めて表したいときには、それに対応した冠詞が付けられていると考えられるのである。

## 舞台への登録の有無による冠詞の分類

ここで最後に、無冠詞の場合も含めて、冠詞全体についての私の考えを述べておくことにしたい。

英語の視点は、これまで述べてきたように、舞台を見つめる観客の視点である。そして、その舞台にすでに登録されているものにはｔｈｅを、まだ登録されていないものにはａ／ａｎが付けられる、と考えられる。また、登録されているものも、すでに述べたように、現場で登録される場合と、事前に概念的に登録されている場合がある。では、無冠詞の場合はどう解釈したらよいのだろうか？

それは、図９－６の中に示しておいたように、舞台に登録しにくい場合である。物質名詞や抽象名詞に相当するものは、形が定まらなかったり、あるいはあまねく存在しているものの表れだったりするので舞台上にその位置を固定しにくい。たとえば、"I like coffee."（私はコーヒーが好きだ）というとき、コーヒーというものが好きなのであり、その舞台以外についてもいえることである。また、"Love is beautiful."（愛というものは美しい）という表現も、その舞台に限らず、あまねく存在する愛について述べているのである。また、固有名詞は、形が定まっていても、対象ごとに任意に付けられている名称なので、舞台の登録リストにそのすべてをあらかじめ載せることはできないものである。だから、リストにチェックするわけにはいか

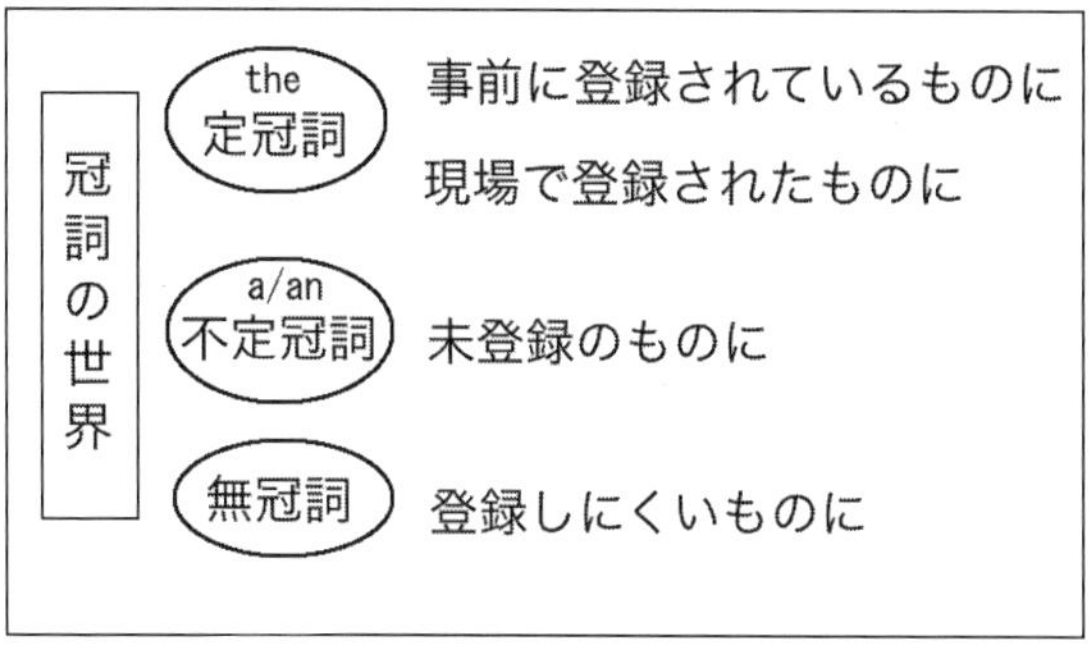


図9－6　舞台への登録と冠詞の関係

ず、やむなく無冠詞になっていると考えられるのである。

しかし、必要に迫られて、それらが「冠詞あり」の世界に浮上してくることがある。たとえば“paper”（紙）は物質名詞だが、“a paper”（論文）になると形をもつから冠詞が付き、また、“coffee”も“a cup of coffee”になるとやはり形をもつから冠詞が付くのである。そして、抽象名詞についても、“language”（言語）は意味の広い概念だから冠詞が付かないが、“a foreign language”（特定のある外国語）になると付くのである。また、固有名詞の場合も、先ほどの表9－2の中にあったように、“a Brown”（ブラウン家の人）と、ある一人を取り出したときや、表9－1の中にあったように、“the Jacksons”（ジャクソン家の人々）のように集団として示したいときには冠詞が付くのである。

なお、固有名詞で表されているものは、冠詞とは別の方法を用いて舞台上に登録することが可能である。それは、一度出てきた人や物を、he、she、they、itという人称代名詞で表す方法である。このように表されたとき、それらはすでに登録されているのである。なお、この中で、ｉｔの場合は、名詞の代用になるだけでなく、もっと大きくて捕らえ所のないものまで舞台に登録する働きをもっている。それは、"It is fine today."（今日は、いい天気だ）というときのような、仮主語としての働きをもつときである。このような場合、ｉｔによって表されたものは、舞台に登録される、というより、舞台そのものがｉｔになっている、と考えることができるだろう。

# 10章

# 日本語と英語はなぜ語順がちがうのか？

## 「私」を省略する日本語と省略しない英語

この章では、日本語と英語のちがいの中のひとつ、というより、最も頻繁に現れるちがいといっていいかもしれない語順のちがいについて述べていきたい。しかし、そのテーマに入る前に、このちがいの大元になっている、日本語と英語の視界のちがいについて、1、2、3章に続き、もう一度確認しておくことにしたい。

あたりまえなことだが、私自身には私の姿は見えない。自分の両手両脚と、胸から下の胴体と、ぼやけた鼻の頭が意識したときに見えるだけである。そんなふうに、「私」が見えない状態で、人は生き、行動し、他の人とかかわっている。だから、人の視界にいつも入っているのは自分の外部にある人と物である。このような、見えるままの世界を、そのまま正直にいい表しているのが日本語であるといえる。だから、見えない自分自身を表す「私」「僕」などの一人称は省略されることが多い。また、共同注視の状況では、共に対象に向かっている相手もまた、自分と同じように自分自身は見えない状態で意識を対象に集中していることを知っている。だから、たとえば、「コンビニの前に止まってる、あの黒い車、見えるよね?」というような、二人称を省略した表現が現れやすいのである。ただし、二人称が省略されやすいのも、もともとは、一人称が省略されやすいことにもとづいている。

ところが、3章の冒頭で述べたように、自分を含む景色を絵にして人々に見せようとすると、その中に自分の姿も描き込まなければならなくなる。そして、これと同じことが「私」の世界を述べる物語を映画にするときにも起きる。村上春樹は、あるインタビューの中で、自著『ノルウェイの森』が映画化されたときのことをこう語っている(村上二〇一〇)。

映画になったものを見ていて、『ノルウェイの森』って実は女の人が中心になっている話だったんだと、はっと気づいたんです。書いているときは一人称で男の目線で見ているから、これは基本的にワタナベトオルという一人の青年の遍歴の物語だと考えていました。たぶん多くの読者もそう思っているんじゃないかな。でも映画になったものを見ると、この物語の中心にあるのは女性たちだということがよくわかります。

確かに、小説の『ノルウェイの森』では、主人公（「僕」）は視界の持ち主として、何もなくても読者に存在感を与えていた。しかし、映画になると、主人公も登場人物たちの中の一人、つまり、ワンノブゼム（one of them）になってしまう。

ここでいう、小説の主人公の視界に日本語は近く、映画を見る側の視界に英語は近いといえるだろう。この捉え方のもとで、これから話を進めていきたいと思う。

## 日本語はなぜ目的語を優先するのか？

世界の言語のほとんどは、ＳＯＶかＳＶＯの語順である。ここで、Ｓは主語、Ｏは目的語、Ｖは動詞を表す。そして、日本語はＳＯＶ、英語はＳＶＯの語順であり、これが文法的には大きなちがいになっている。では、なぜ、日本語では動詞の前に目的語がきて、英語では目的語の前に動詞がくるのだろうか？

日本語で目的語が優先されるのは、行為の目的となるものがまず話者の視界に入るからである。たとえば、話者がリビングに入ると、テーブルの上にケーキが置いてあったとしよう。すると、

①あ、ケーキだ。食べたい。

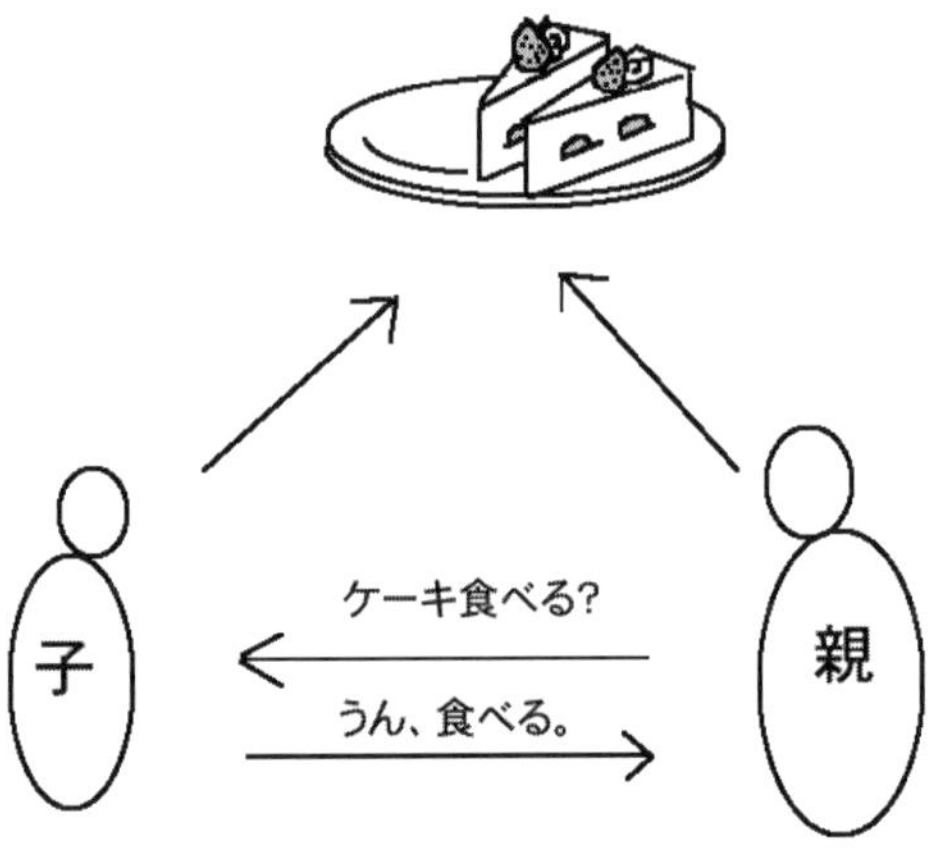


図10－1　共同注視にもとづく会話の例

と思う。ここでは、ケーキという食べ物が話者の目にまず止まり、食べるという行為を導き出そうとしている。また、対象の発見が時間的にも先であり、食べるという行為は後である。だから、話者にとっての出来事の自然な順序をことばの組み立ての順序にも当てはめているといえる。

このとき、テーブルの上にはケーキが二つあり、ちょうどそこに、子どもが入ってきたとしよう。すると、こんな会話が生まれるだろう。

②（親）ケーキ食べる?
③（子）うん、食べる。

ここでは、ケーキは、親子の共同注視（図10－1。また、2章参照）の対象になっている。親が発した②の文は親子が共同注視を作るきっかけになっている。つまり、共同注視する二人の人と対象の三項がそろったのである。また、子が発した③の文は、それを受けて自分の行為の発動を表明するものである。そして、①の文で「私」が省略されているのに続いて②では子ども名前などが省略され、③ではさらに「ケーキ」まで省略されている。なぜ、このように次々に省略が起きるのだろうか？

共同注視の関係では、「私」と「あなた」は、対象に対して同じような立場で臨んでいる。「私」を視界に入れない話者の立場は「あなた」の立場でもある。そのため、②の文でも①の文と同じように主語が省略されている。また、②の文でケーキに注目した後は、それもすでに既知の存在になっているから③の文では省略され、「食べる」という意思表示のことばだけが表に現れてくるのである。

### 英語はなぜ動詞を優先するのか？

ところで、以上述べてきたのは、日本語の共同注視に合わせた場面である。部屋には親と子しかおらず、テーブルとその上のケーキしかない。しかし、これとちがい、もっと多くの人や物がその場にあることも多い。このように、人や物が複数ある場面を想定した上で文を作るのが英語の視点であるといえる。それは、舞台上の多くの人や物を観客席の方から眺める視点であるともいえる。

日本語の場合は、「私」の視点で物事が認識されていくから、「私」が食欲をもっていることや、その「私」がテーブルの上にケーキを見つけたところから話が始まる。しかし、観客席から離れた舞台の上に多くの人や物を置いていくことを前提にする英語では、そのような、人の内面で起きることを中心に話を進めることは少ない。実際、劇場の観客席にいると、舞台上の俳優一人一人の目の動きや内面の表れを細部まで認めることはむずかしい。だから、俳優は、観客席から見える行動と聞こえることばによって自分を示さなければならなくなる。また、観客は、登場人物の中の誰かが動きだしたとき、あるいは話しだしたときに、その人に注目することになる。実際、観劇していると、舞台上の特定の人物が語りだし動きだすと、他の人々は観客の目をそこに集めるために、じっとしている場面が多いように感じる。

このような、誰が、何をするか、にまず注目するしくみが英語にはあり、それがＳＶＯの文型として表れていると考えられるのである。

## 舞台は議場や裁判所へ

このように見てくると、舞台上にいるのは、いわば観客によって監視されている人々である、ということができるだろう。そして、また、このような関係性は、議場における議長と議員の関係、裁判所における裁判官と被告人や証人の関係にそのまま当てはまる。そこでは、誰が何をしたか、またはするか、がまず議題や審議内容になる。そういう事実関係がまず確かめられ、その背景や動機は、それにもとづいて次に議論されるのである。そして、議場も裁判所も、一定の結論を出す場であることで共通している。また、この意味では、教会式の結婚式で新郎新婦が神父の前で、「生涯の伴侶となることを誓います」と宣誓することも同じしくみをもつ場面である。

これは5章でも述べたことだが、欧米の映画やテレビドラマを見ていると、裁判ものが非常に多いように感じられる。それは、欧米人が日常的に経験している、以上のような思考と言語のしくみがそこに向かわせているものなのではないか、と思う。ただ、近年では、日本でも、裁判ものの映画やドラマは多くなっている。しかし、それは、もともとあった傾向ではなく、西洋式の物事の解決法が日本にも浸透してきた結果だと考えられるのである。

## なぜ英語は否定を先に日本語は後に置くのか？

ところで、日本語と英語の語順のちがいは、ＳＯＶとＳＶＯというような、基本文型のちがいとして表れているだけではない。文の流れに大きなちがいがある。よく、日本人の話はまわりくどく、結論をなかなかいわない、といわれる。そのひとつの表れが、否定を最後にもってくる文の形である。

①私は、彼がいい人だとは思わない。
② I don't think that he is a good person.

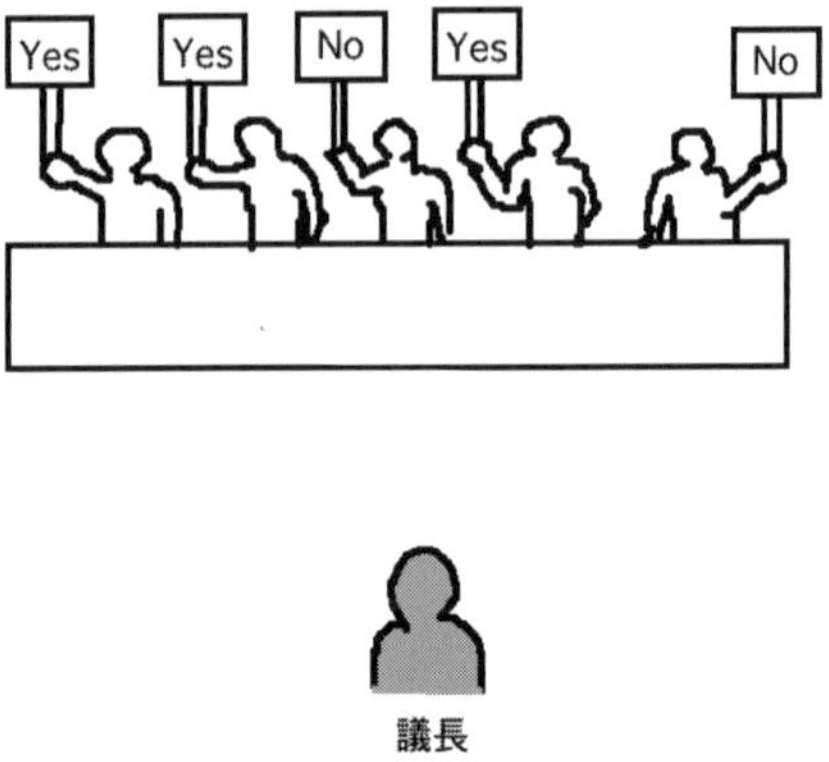


図10－2　議長が決を採るとき

たとえば、このように同じことを表す場合でも、日本語では否定が最後にきて、英語では最初にくる。さらに日本語では、①の文の前に、「あの人とはおつき合いがあるけど……」というような前置きがつくことが多い。

これに対して英語では、「わからない」を "I have no idea." ということにも表れているように、すっきり、いさぎよく否定を述べておくことが多い。このようなちがいはなぜ生じるのだろうか？

この答えも、日本語は共同注視の関係を基本とし、英語は「私」も含め人々を舞台上に乗せることを基本にしていることから導き出せる、と私は考えている。日本語では、身近な二人がゆっくり時間をかけて内面をほじくりながら話を進める。一方、英語は、議会での議事進行のように、最終的にＹＥＳかＮＯの決を採るような方向で話が進められる（図10－2）。また、裁判では被告の罪について、あらかじめYESの立場をとる検察側と、あらかじめNOの立場をとる弁護側に分かれている。その立場をとる理由は、意思表明の後で述べられていくのである。また、陪審員も有罪と無罪の結論を下すためにその場にいる。

もちろん、最終的な議決や判決の前には十分な議論がなされなければならない。しかし、議場や裁判所は結論を出す場所である。このような場が特に必要になったのは、多くの人がいて、多くの事柄があって、内輪で話を進めるのとはちがう条件が生まれているからである。すると、一人一人から長々と話を聞き、話の内容をあっちこっちに行かせるよりは、取りあげられた問題について各人に、まずYES・NOを表明してもらう方向になるのである。

### 日本語に見られる、否定でない「が」「しかし」「いや」の多用

ちなみに、日本語は否定を表す語を後ろに回すだけではなく、それらを否定でない文脈の中で用いることも多い。

このような例の中でも気になるのが、大相撲で物言いがついて、協議の後で審判長がいうことばである。

「行司軍配は○○山に上がりました**が**、○○山が早く体を割ったのではないかと物言いが

つき、協議の結果、××丸の足が先に出ていたことが確認され、行司軍配どおり○○山の勝ちといたします」

私たち日本人にも、文法授業で学んだ、「が」は逆接の接続助詞である、という観念がこびりついている。だから、「が」の後で「行司軍配どおり」ときたところで「えっ？」と思ってしまう。そして、このようなことから、日本語はやはり論理的でない、と結論することが多いのではないかと思う。しかし、日本人が使う日本語をよく観察してみると、「が」のこの種の使い方は世にあふれている。そこには、使われるだけの根拠があるからだ、と思われるのである。たとえば、こんな使われ方がある。

①「監督さん、最後まで勝敗のわからないゲームでした**が**、どうでしたか？」
②「**いやー**、苦しかったですね。皆が辛抱してくれたおかげの勝利です」

スポーツの試合後のインタビューなどでよく見られるシーンである。①の文の「が」も、物言いの協議の後の説明と同じように逆接ではない。また、②の文は問いを素直に受ける内容なので、「そうですね」で始めた方が自然に思える。しかし、一見、反論を始めるかのように見える「いやー」が発せられている。それはなぜだろう？

## 文脈継承の「が」と文脈再建の「いや」「しかし」

①の文中の「が」は文脈継承のための「が」である。いま終わった試合の結果を受け、その内容を確認した上で、相手のコメントを引き出そうとしている。また、先ほどの、物言いの後の「が」も、いま起きたことを確認し、そこから結論に移ろうとしている。このように、話の文脈を確認する部分をあいだに入れながら先に進むのが日本語の特徴である（図10－3参照）。

さらに、先の②の文では、そのまま素直に「そうですね」とか「はい」で話を受けていけばいいのに、「いやー」ということばで応答している。他にも、こんなやりとりがよく見られる。

①おいしかったですか？
②**いやー**、おいしかったなんてもんじゃないよ！

図10－3　文脈継承

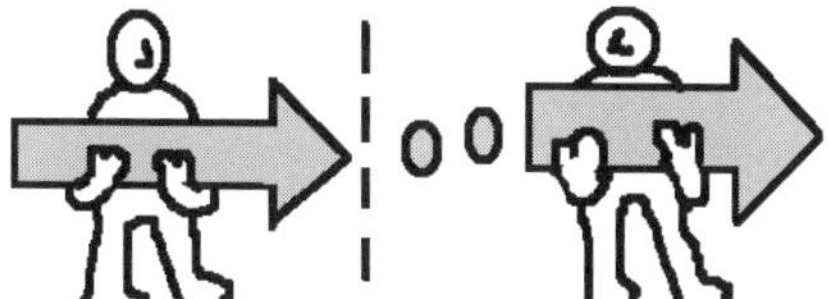

図10－4　文脈の中断と再建

この場合も、答えは、実は、強く肯定に向かっている。にもかかわらず、「いやー」を入れているのである。さらに、逆接の接続詞が次のように使われることがある。

②……しかし、それにしても、あの映画は面白かったナ。

では、なぜ、このように、肯定表現に「いや」や「しかし」が使われるのだろうか？——それは、相手から受け渡された文脈をそのままの強さで受け止めるのでなく、いったん流れを中断し、より強い文脈として再建しようとしているからである（図10‐4参照）。このように、相手から与えられた文脈を素直に受け取らないのは、それが、ただ相手から引き継いだだけの認識なのではなく、もともと自分自身の認識だったことを強調したいからである。だから、図10‐4に表したように、いったん相手からの文脈の流れを止めてから、自ら再建しようとしている。つまり、文脈の主導権を取ろうとする態度であり、どちらかというと、女性よりも男性の方がよく使う、ことばの用い方である。

## 「が」「だけど」のクローズアップ機能

日本語や日本文化はハイコンテキスト、つまり文脈重視であるとよくいわれる。それだけに、文脈のもっていき方には気をつかう。そのとき武器となるのが、いま述べてきたような、「が」「いや」「しかし」「だけど」などである、と考えられる。そして、それらはさらに、文脈継承や文脈再建だけでなく、新しい文脈の提出の機能までもっている。

・ご案内の件**ですが**……
・明日のテストのこと**だけど**……

日本人は、このようなことばで話を進めることがよくある。また、このような日本人の話しぶりは、通訳者、中でも同時通訳者にはやっかいな問題になっているようである。同時通訳者養成のための書籍を覗いてみると、日本語文とその英訳例の中に、この種の例文が多く見られる（田村 二〇一二）。その筆頭にあったのがこんな例である（もとの文には太字はない）。

①水曜の会議**ですが**、会議室2の予約よろしくお願いします。
②Could you reserve Conference Room 2 for our Wednesday meeting?

日英の文を並べてみると、内容は同じでも、構文の上では、かなりのちがいがあることがわかる。日本語文では話のテーマがまず掲げられているが、英語文では予約しておくことが優先して述べられ、会議のことは後に回っている。

同書をめくると、続いて、次のような文例とその訳が載っている。

③ご提案の内容**ですが**、このような理解でよろしいでしょうか?

④ **Let me just confirm your suggestion.**

ここでも、日本文では提案内容のことをまずクローズアップさせているが、英語文では確認することに重きが置かれている。このことから、次のような結論を導き出すことができるだろう。

・日本語では、新しい文脈の提出が重視される。

・英語では、するか、しないか、できるか、できないか、など行為部分が重視される。

ところで、①の日本語文の出だしは「水曜の会議**は**」に、③の出だしは「ご提案の内容**は**」に置き換えることができる。つまり、「ですが」や「のことだけど」は格助詞の「は」と同等の働き、つまり、7章で述べたクローズアップ機能をもっているのである。ただし、7章で述べた「は」は、すでに作られた文脈の中で、ある事柄をクローズアップすることが多い。一方、「ですが」や「のことだけど」は、文脈転換や文脈提出に用いられることが多い。一呼吸置き、これから述べる話の前置きとして提示することで、その事柄をクローズアップさせているのである。だから、①や③の文は「～は」で始めることもできるが、やはり「ですが」の方が文脈提出力は強いのである。

このように、日本語は、話し手と聞き手が作る文脈の行方に気をつかう言語なのである。だから、英語のように、いきなり、「何々をしましょう！」といいだすのでなく、「～のことですが」と前置きして、相手に構えを作ってもらってから話を進めていると考えられる。つまり、聞き手の目の前にまず用件をクローズアップさせておいて、そこから話を先に進めているのである。

# 11章

# 日本語と英語の時の捉え方のちがい

## 時を表すことばの位置のちがい

前章で述べたように、日本語と英語では語順や強調する部分が異なってくる。そのもうひとつの表れが、時を示すことばの位置のちがいである。まず、次の日本文とその英訳を見てみよう。

①きのう、叔父を訪ねました。

②I visited my uncle yesterday.

一見してわかるように、時を指定する語が日本語では文頭に、英語では文末に置かれている。

このような語順のちがいは日英の文では一般に認められるものである。なぜこのようなちがいが生まれるのだろうか？

ここで、前章の後半で述べたように、日本語は「～のことですが」というように、まず文脈提示をしておくことが多い言語である、ということを思い出してほしい。①の文も、「これは、きのうのことなんですよ！」と、まず、どの時点での話の文脈なのかを示しているのである。これに対して英語では、誰が、何をしたか、または、するか、ということがまず問題になる。だから、②の文では、それは私のことで、訪ねたという過去の行為です、とまず表明しているのである。これに対して日本語には、私が話すのだから私のことに決まっている、という態度がある。だから「私」は省略されている。これに対して英語は、これまで述べてきたように、舞台上に多くの人がいることを想定しているから、まず、誰の行為なのかをはっきりさせておかなければならないのである。

## モバイルカメラとスタジオカメラの異なる戦略

つまり、ここにも、モバイルカメラとしての日本語とスタジオカメラとしての英語のちがいの問題が絡んでくる。モバイルカメラはどこでも自由に持っていける。このことは、空間的な場所の移動が自由であるだけでなく、時間的な場所の移動も自由であることを意味する。自由に時を越え、過去や未来についても、その場所にカメラを運び、映像を撮ってくるかのような表現をするのである。たとえば、過去についても未来についても、次のような文が成り立つ。

①鈴木君のところに行ったらね、彼、まだ寝てるんだよ。
②明日の午後なら、会社で企画書を書いています。

両方とも、前半に時を指定することば（①では過去を示す「た」、②は「明日の午後」）があり、後半に、「寝ている」「書いている」と、現在の行為を表すのと同じことばが使われている。つまり、過去でも未来でも、現在と同じ動詞が使われるのである。だから、あたかも、その場で見たり、おこなっているかのような表現になる。つまり、どこの時間にでもすぐに飛んでいって、生の映像を撮ってくることができるのが日本語の特徴である。

ところが、英語では、こんなふうに簡単にはいかない。“he was sleeping” とか、“I will be writing” というように、その時制に合った動詞形を用いなければならないのである。文を作るための舞台ががっちりと組み立てられているから、その行為が現在の舞台とどう関係しているのかをはっきりさせなければならない。だから、登場人物については、どこで何をしてきた人か、また、いま何をし、これから何をしようとしているのか、つまり、その素性を明らかにしておかなければならない。

### 「この」「その」「あの」の文脈指示としての働き

一方、日本語は、これまで述べてきたようにモバイルカメラの視点を基本にして作られているから、話し手と聞き手のあいだで行き先についての了解があれば、どこにでも、文の形をあまり変えることなく話を飛ばすことができる。その方法のひとつが、本章の冒頭で述べた、文の頭に時を示すことばを付けておく方法だが、もうひとつ重要な方法がある。それは、6章で説明した「この」「その」「あの」など指示詞を用いる方法である。ただし、6章で述べたのは、その場にある物について指示する場合で、「現場指示」と呼ばれる。これに対して、ここで説明する指示詞の働きは「文脈指示」と呼ばれるもので、指示する対象はその場に実在するものではない。話の中に出てくる時や事や人を指示する場合である。

図11－1　文脈指示のことば

文脈指示では、図11－1に示したように、話し手が述べる話の文脈の中にあるものには「この」など、こ系の指示詞が使われ、聞き手が述べる話の文脈の中にあるものには「その」など、そ系の指示詞が使われ、二人が共有している話の文脈の中にあるものには「あの」など、あ系の指示詞が使われるのである。

そこで、各指示詞を使ってどのような表現ができるか、以下、文例を挙げてみることにしたい。


「この時、私はまだ一〇歳だった」

「この事をまだ知らなかったんですか?」

「まず、この人に当たってみます」


「その時、あなたは何をしていましたか?」

「その事を知ったのはいつですか?」

「その人の名前を教えてください」


「あの時は、お互い、まだ若かったね」

「あの事は秘密にしておこう」

「あの人は今日、来るんですか?」

以上の文例からわかるように、文脈指示としての「この」「その」「あの」は、指示する対象が話し手にとって空間的に近いか、遠いか、によって決まるのではない。それが話し手当人が提供する文脈の中にあるか、相手の文脈の中にあるか、共有文脈の中にあるか、によって使い分けられているのである。

ただし、「あの」で表される共有の文脈は時間的に過去にあることが多いので、遠くにある印象が生まれやすく、外国人の日本語学習者の場合は、遠い過去について話すときには共有されていないのに「あの」を使ってしまうことがよくある。たとえば、次のような場合である。

「あの時、私の家では大変な事が起きました」

聞き手は、相手の家の事情を知らない。だから、ここでは本当は「この時」か、もしくは「その時」を使うべきである。「この時」が使えるのは、それが話し手が提供する文脈の中にあるからである。しかし、実は、このような場合、「その時」を使うことの方が多い。話し手が提供する文脈なのになぜ「その」が使われるのかというと、そこまでの話の内容を聞き手に理解してもらい、自分のものにしてもらった上で、その中の事柄を指示しようとしているから「その」を使っているのである。私たちが何かを説明するとき、「その」や「それ」や「そこ」

をこのような意味で使うことは多い。そこまでの話の内容を相手に理解してもらった上で先に進もうとしているからである。私自身も、この本を書きながら、「そこで」、「そのため」など、このような意味の「その」「それ」「そこ」を頻繁に使っている。

このように、日本語の「時」の表現は、英語の場合のように、いま現在の舞台との関係よりは、話し手と聞き手が提供する文脈どうしの関係の中で表されることが多いのである。

## 現場レポーター的な日本語の表現

日本語の文では、冒頭に時を表すことばを付けたり、「その時」など文脈指示の指示詞を付けたりするのは、話し手が聞き手に対して「今度は、この時を表す場所に行きますよ！」とか「もう、この時を表す場所に来てますよ！」とアピールしておきたいからである。時を移動するという点で、日本語のフットワークは軽い。だから聞き手をどこに案内するのかわかるように、日本語では、まず時や場を指定することが多いのである。

このような表し方をするものの代表が、テレビのニュース番組などで、現地レポーターが、たとえば次のような報告をする場合である。

私はただいま沖縄県の石垣島に来ております。午後八時半を回っております。すごい風で

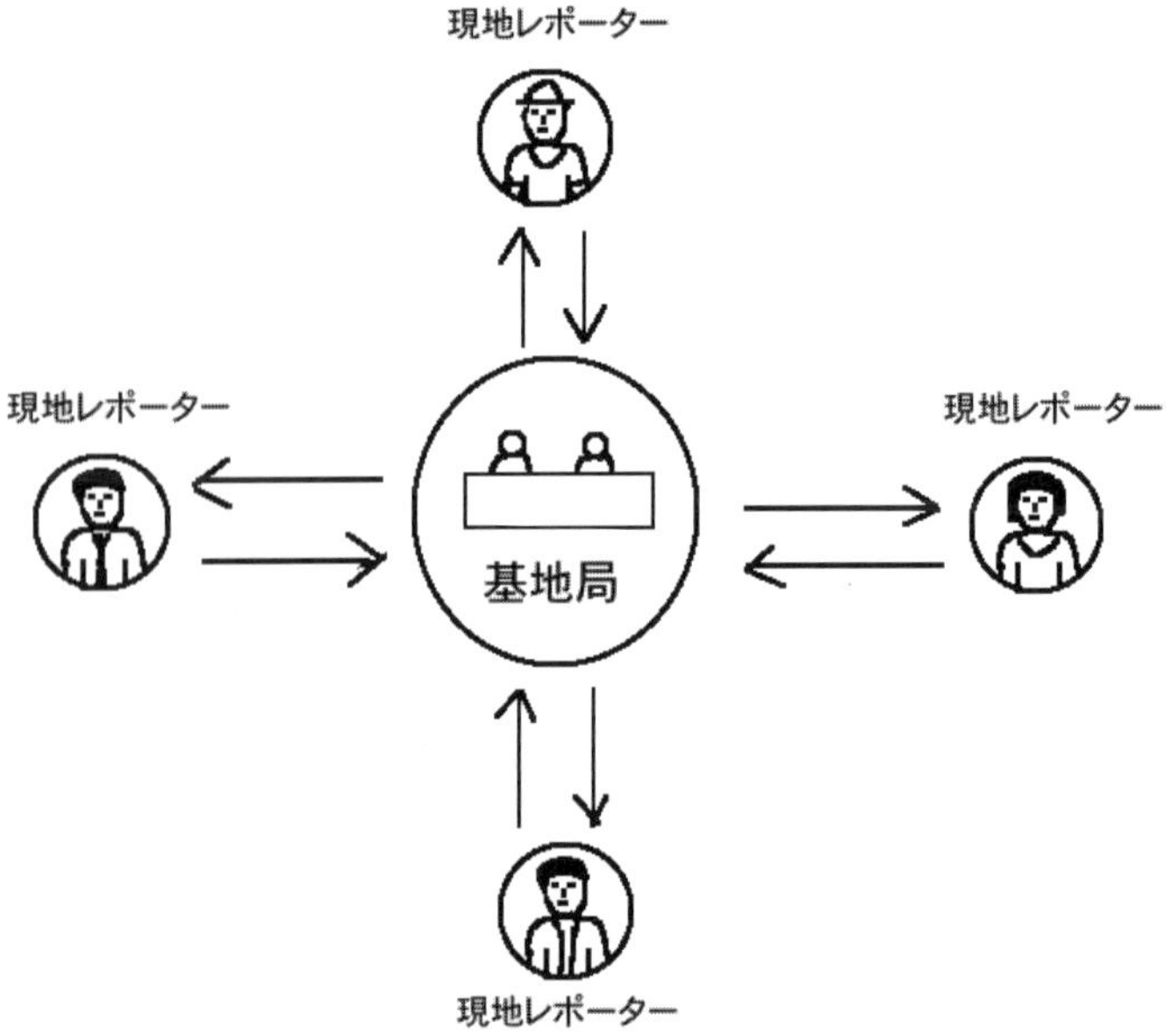


図11－2　基地局と現地レポーター

す。こうして立っているのがやっとです。周りの木々もこのように激しく揺れています。

こうした場面では、まずレポーターが自分のいる場所と時間を述べるのが普通である。そして、この報告を受けて、基地局のメインキャスターが「ただいま台風は、まさに沖縄に上陸しようとしています」などと概観的な説明をする。

以上のような中継方式は、いまでは国の内外を問わず、図11－2に表したような形で浸透している。また、バラエティ番組や討論番組でも、中継や録画の映像を交え、人々が集まるスタジオに様々な現地レポートが提供される。実は、これは人間の認識にとっても普遍的な方式であり、私たちは何か判断するとき、自分の様々な場面での経験を思い起こし、それらを総合して結論を下す。図11－2の方式は、それを多くの人々が共有するネットワークとして実現しているといえるだろう。

ただ、この、誰でもがおこなっている認識の過程のどこに力点を置くかというと、日本語と英語にはちがいがある。日本語は、時と場を指定して、次々にいろいろな現場に赴くが、英語は何がどうしたか、話の大筋をまず述べておかなければならない（つまり、基地局の方針が優先される）。結論部が先に来るから、その後の部分はそれに拘束されることになる。一方、日本語は次々に具体的なエピソードに飛んでいくから、なかなか本題に戻れないことがある。場合によっては、結論の見えないおしゃべりが続くのである。

どちらの方式が優れているか、簡単に結論づけることはできない。英語方式はまず結論的なことを示さなければならないので、展開が強引になることがある。一方、日本語では脇道にそれることも多いが、回り回っているあいだに予定外の発見をすることもあるのである。

### 英語の現在完了はなぜ必要なのか？

ここで、英語の時間表現の問題に戻ることにしよう。日本語はフットワークが軽く、どの時間にも、また、どの場所にも、まるでタイムマシーンのように、いきなりワープしやすい特性をもっている。一方、英語は、手の込んだ舞台設定をしているだけに、おいそれと、適当なところにワープしてしまうわけにはいかない。そこで求められるのが、その出来事が時間進行の中で、それについて話している今とどのような関係をもっているかを明らかにしておくことである。それはもう終わってしまったことなのか、今に影響していることなのか、目の前で起きていることなのか、これからのことなのか？

英語の時制は非常に複雑で、私も含め、日本人の英語学習者には非常にわかりにくい（ただし、ヨーロッパの言語には時間表現が英語以上に複雑なものもある）。中でも日本人にとってわかりにくいのは現在完了形である。これは、日本語に見当たらない動詞の組み立て方だからである。にもかかわらず、この用法は、一般の会話の中では頻繁に使われる。たとえば、①の日本文を英訳すると、②のような現在完了を含んだ文になる。

①宿題はもう終えました。
② **I have already finished my homework.**

日本人にとっては、この文は、過去形としての **"finished"** だけで十分なように見える。さらに「もう」(already) まで付いているのだから、それ以上のものはいらない、と感じる。しかし、英語では、この場合、過去分詞の"finished"の前に必ず完了を表す"have"を付けておかなければならない。その理由は、ここで述べているのは、ただの過去ではないからである。では、どのような過去なのか？

そこで、しっかりおぼえておこうとして英文法の本を取り出してみると、完了形には、完了用法、結果用法、経験用法、継続用法の四種類があるという。すると、イメージが分散して、またまたわからなくなってしまうのである。

では、このように用法を分けてむずかしくするのでなく、もっとすっきりした説明はないものか？　田中・弓桁（二〇一六）は、現在完了にはまとまったイメージがあると述べている。そのコアは「過去を抱えている今」を表すことであるという。このことは、完了形の中に"have"ということばが含まれていることにも表れている。この考えにもとづくと、完了形でない、ただの過去は、もう抱えているものがない、すでに終わっている状態を示している、ということになる。

ところで、この「過去を抱えている」というのは、非常に英語らしい発想なのではないかと思う。4章で述べたように、英語は舞台上の人や場所に様々なものをプラスしながら状況を作っていく、という特性をもっている。ただ、完了形の場合は、登場人物に物をプラスするのでなく経験をプラスするという方法で描写しているのである。

なお、完了形の使用方法はこれだけではない。現在完了形と並んで、現在完了進行形というものもある。

③ I have been running in this park.

この文の場合なら、「私は、いままで、この公園でランニングしていた」ということになる。しかし、いまはもう走っていないのである。ただし、ついさっきまで走っていたので、息をはずませているような状態を抱えているのである。このように、完了形の使い道は複数あり、さらに別のものもいくつかあるので、それが英語の時間表現の数を多くしているといえる。

### 英語の一二の時の表し方と三つの時間基地

ところで、現在に基点を置いた時の表し方には他のものもある。現在形、現在進行形である。ただし、このうち現在形には意外なむずかしさがある。というのは、「いま現在」というのは一瞬たりとも止まってくれないからである。「いま」と思った時点が一瞬先には過去になっている。だから、実際目の前で起きている行為を表すには現在形を使わない。習慣としてすること、持っていること、思っていること、を表すときや、"have to～"の"～"の部分のように、動詞を原形として用いるときに現在形の形を用いるのである（なお、日本語でも、いまこの瞬間の行為を表すのはむずかしいので、「～する」という現在形は実際には多くの場合、「～すること」という形で用いたり、未来の行為を表すのに使われている）。

このように、現在に基点を置いたときの時間表現は、現在完了形、現在完了進行形、現在形、現在進行形の四つの形がある。だが、時間表現は過去や未来についても、もちろん、必要である。この、過去や未来の表現については、日本語の場合は簡単である。たとえば、「きのう、映画を見た」、「あした、旅に出る」というように、過去の場合は「～した」の前に、未来の場合は「～する」の前に時を示すことばを添えるだけですむ。だから日本人には、そこに時の表し方のむずかしさがあることを想像しにくい。

ところが、英語では、現在を基点にしたときにも四つの時間の表し方があるだけでなく、過去や未来についても同様に複数の表し方が用意されているのである。本書の9章では、英語では舞台上の空間が構造化されていることを述べた。しかし、それだけではなく、英語では、舞台の時間的な進行も構造化されており、個々の出来事がその構造化された時間の中のどこに位置づくかを示しておかなければならないのである。何度もいうように、英語は人や出来事を舞台の上に乗せて観察するようなしくみをもっている。そして、登場する人や出来事の素性を確

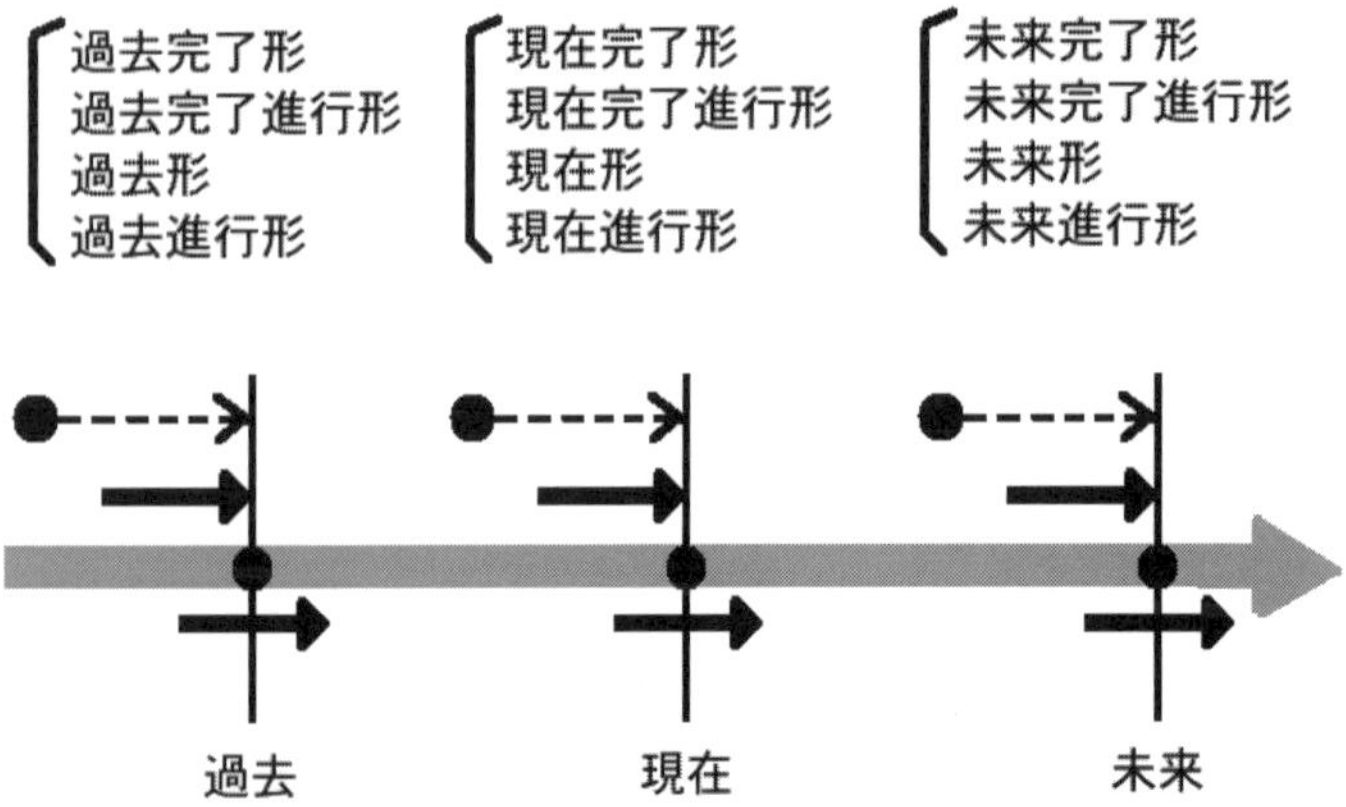


図11－3　各時点での四つの時の表現

認しておこうとする。この厳格な姿勢が過去や未来にも及ぶのである。

英語は、舞台を撮るスタジオカメラのような視点でことばを組み立てる。そして、過去や未来を表すときにも、このような姿勢を崩さない。では、英語の時間はどのように構造化されているのか？――過去や未来の場合にも、現在を基点としたときと同じように、その周辺に完了形、完了進行形、進行形を配置するのである。

このように設計された、その全体構造を眺めてみると、英語には、過去や未来にもそれぞれ四つの時の表現があり、現在と合わせると計一二もの時の表現があることになる（図11－3）。つまり、それぞれの時点で、その前にやっておいたこと、やり続けていたこと、その時点でやること、やり続けていることが設定できる、ということになる。

このように英語の時間は構造化されている。そして、その構造化された時間の中に登場人物の各行動を当てはめていくことになるのである。

## 英語の時の表し方を共同注視の入れ子に当てはめてみると

と、ここまで、私は日本語と英語の時間表現のちがいについて述べてきたわけだが、実は私自身まだ釈然としないところがある。それは、英語では、なぜここまで厳密に、出来事の時間的な位置関係を定めておかなければならないのか、ということである。そこで思い当たるのが、2章で述べた、共同注視の入れ子構造のしくみである。

英語では、入れ子の外側に視点を置き、内側の出来事を叙述する、という方式を基本にしている。すると、そこには、語られている出来事の発生時点と、それを見つめている観察者の時点が併存し、これら二つの時点の関係性を常に明らかにしておかなければならなくなるのである。

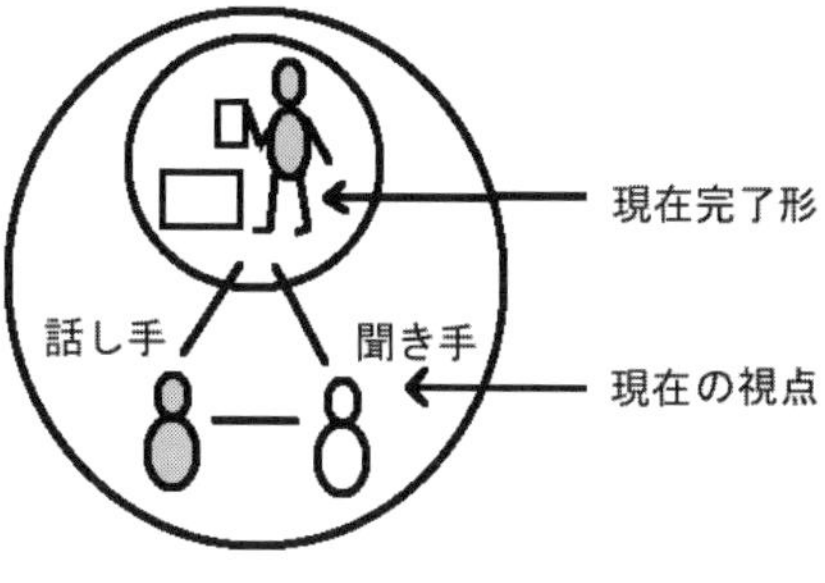


図11－4　入れ子にもとづく時の表現

そこで、先に例として挙げた、"I have already finished my homework."を共同注視の入れ子構造に当てはめ、解釈してみ

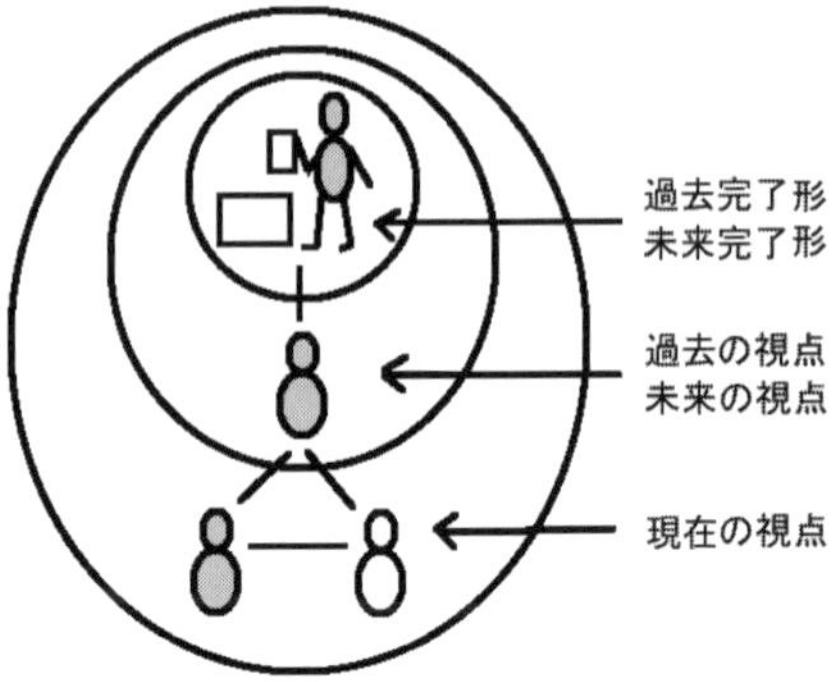

図11－5　三重の入れ子にもとづく時の表現

ることにしよう。

　この文では、図11－4に表したように、出来事を見て語っているのは現在の時点で、語られているのはすでに完了している出来事の時点である。英語では一文ごとに、このような関係性を明らかにしておかなければならないのである。

　では、これと関連して、次のような、過去完了と未来完了の文の場合はどのような入れ子になるだろうか？

①"I had finished my homework yesterday."（私はきのうには宿題を終えていた）

②"I will have finished my homework by tomorrow."（私は明日までには宿題を終えておくつもりだ）

　これらの場合は、より複雑な入れ子になる。図11－5に表したように、出来事を見ている、過去または未来の時点（中程の円内）の自分がいて、見られている完了した出来事の時点（最小の円内）がある。そして、これらの場合は、さらにその全体を外から見て語っている現在（最大の円内）の自分がいる。つまり入れ子の形としては三重にもなっているのである。

英語の話者は、当人が意識するかしないかにかかわらず、このような入れ子構造の中で時間を捉えている。それが結果として、日本人にとっては不思議に思える複雑な時間表現となっていると考えられる。

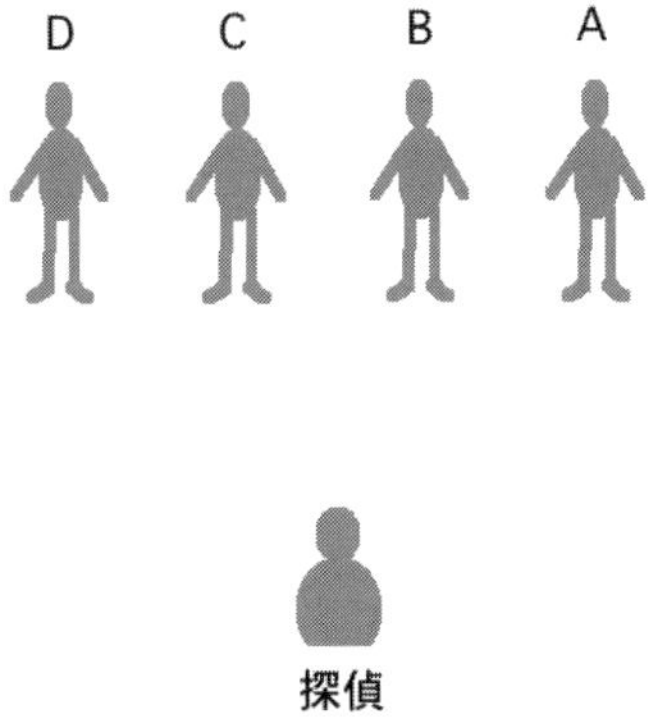

図11－6　探偵と４人の容疑者

### 犯人は誰だ？

では、このような思考法はどのようなときに役立つのだろうか？　それは、たとえば、次のような犯人探しのときである。

ある殺人事件が発生し、ここに四人の容疑者、A、B、C、D（図11－6）がいるとしよう。殺人は、ある日のある時間におこなわれた。では、そのときの四人のアリバイはどうなっていたか？　このようなときに、過去についての四つの時間表現が役に立つ。

Aは、そのとき、何か別のことをした（過去形）。

Bは、そのとき、何か別のことをしている最中だった（過去進行形）。

Cは、そのとき、何か別のことをやり終えていた（過去完了形）。

Dは、そのとき、やり続けていた何か別のことを終えたところだった（過去完了進行形）。


AとBは、そのとき何か別のことをしていたわけだからアリバイがある。ないのはCとDである。だが、被害者は殺害されるまで次々に場所を移動していた。だから、殺人を実行するためには、被害者の動きを追うことができなければならない。Dが、ずっと何かに取り組んでいたなら、そのような追跡はできない。そこで、追跡が可能で、しかも、その時点でのアリバイのないCが犯人ということになる。

このような思考にすぐに入って行けるのは、英語の時間が構造化されているためである。英語は、登場人物の一人一人を、時間に限らず、これまでの各章で述べてきたように様々な側面について仕分けていく。どのようなアリバイや動機をもった人物がそれぞれ何人いて、その中で一番犯行を犯しやすい人物は誰なのかを割り出しやすいしくみをもっている。英国にシャーロック・ホームズの探偵物語が生まれ、名探偵ポワロが登場するアガサ・クリスティの推理小説がその後を継いだのは偶然でない出来事だったのではないか、と思えてくる。これらの探偵は私情を交えない客観的な観察力をもっている点で共通している。推理小説とは、英語的な思考方式を磨くことのできる、格好の場所となっているのである。

ただし、もちろん、現代の日本では、多くの推理小説が書かれ、また、読まれている。また、推理的な思考能力を発揮する人々も多い。それは、物事の成り立ちを見極めようとする点で日本人も英米人も変わりがないからである。しかし、見極めていく手順をどう作っていくか、というところで、英語と日本語のあいだにわずかな差が現れたのではないか、と思う。そして、いったん英語によって推理方式が確立すると、日本人の中にも潜んでいた推理欲求がそれを利用し始めたのではないか、と思う。

# 12章

# 異なる言語の異なる文化

## ここまでの簡単なまとめと本章のねらい

ここまでの一一の章で、私の日本語論、英語論の基本となる部分は終わる。本章では、これまでの内容を簡単にまとめ、その上で、そこから派生するそれぞれの文化について述べていきたい。

日本語も英語も、人と人が物事に向かいながら、それを言語を使って表していく。これは共同注意または共同注視と呼ばれる関係性であり、この点ではどの言語も共通している。しかし、言語は、このような人々の活動自体を共同注視の対象として外側から見つめ表す機能ももっている（共同注視の入れ子構造。2章参照）。そして日本語は、このうち前者の言語活動に重きを置きながらことばのしくみを作り、一方、英語は後者の、外側からの視点に重きを置きながらことばのしくみを作ってきたと考えられる。日本語と英語の以上のような特徴をわかりやすく表すと、次のようになる。

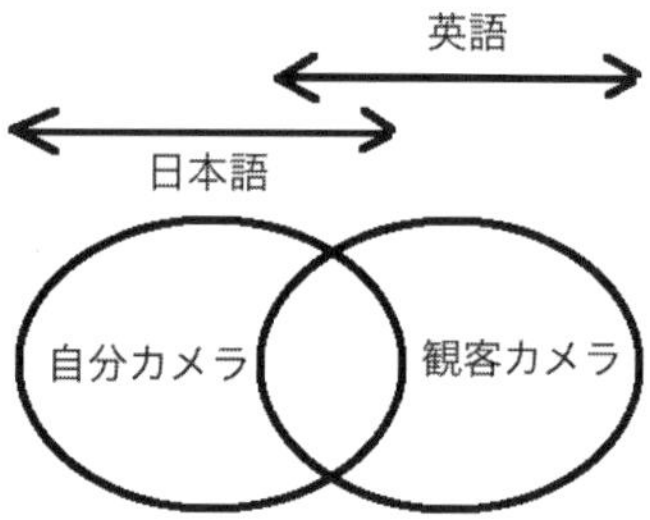


図12－1　両カメラの重なり

日本語は会話をする人と人が、それぞれの視点から見える世界をことばに表しながらやりとりをするから非常に映像的である。だから、それは、各自が自分カメラを操作しながら情報交換する過程にたとえられる。一方、英語は、人や物や出来事を舞台に相当する場所に乗せ、それを観客席からのカメラで撮っていくようなしくみになっている。そのとき、観客のあいだでは、舞台の見方、表し方について共通の枠組みをもっている必要がある。それが、日本人にはわかりにくい、単数、複数の区別や、冠詞の適用や、複雑な時間表現などである。英語はそれらにもとづいて作られているから映像的というより概念的な言語になっているといえる。

ただし、日本語の場合も、公の文書を書くときや人前で話すときには、外側からの視点を意識した表し方になる。また、英語の場合も、二人きりの場面では、たとえば、“Got it.”（わかった）のような、主語のない省略的な表現を用いることが多い。また、通常の会話でも、命令文の場合は、命令する者とされる者のあいだのことばなので、たとえば、“Close the door!”

（ドアを閉めなさい！）のように主語抜きの文になるのである。つまり両言語は、図12－1に表したように、基本的には異なる特性をもちながらも、状況によっては他方と共通した表現が現れるしくみをもっている。

ところで、以上述べてきたような日本語と英語の大きなちがいは、日本語の話者と英語の話者の思考にも大きな影響を与えているはずである。そして、それはまた、思考が生み出す文化にも影響を及ぼしているだろう。

「はじめに」でも述べたように、現代は急速なグローバル化の時代である。以前には日本語で考え、日本文化の中で生きてきた日本人が、いまでは様々な分野で、世界の主流となっている英語的な思考と英語的な文化の影響を受けている。このような時代にあって、私たち日本人は、英語の浸透に対する日本語の備えだけでなく、英語的な文化の浸透に対する日本語的な文化の備えもしておく必要があるはずである。

そこで、本章では、この本の中で述べてきた、日本語と英語のしくみに関連する範囲で、日本語文化と英語文化にまつわるいくつかの問題を取り上げていくことにしたい。

## 主観に寄り添う日本語カメラ

日本語は話者の視点にもとづいているから主観的な表現に優れており、一方、英語は観客の視点にもとづいているから客観的な表現に優れている、といえる。では、そのことは、文学作品にはどのように表れているだろうか。
日本語文と英語文が表す視覚世界のちがいについては、すでに興味深い指摘がおこなわれている（池上 二〇〇七、金谷 二〇〇四）。そこで引用されるのが、日本初のノーベル賞作家である、川端康成によって書かれた『雪国』の冒頭文とサイデンステッカーによるその英訳文である。これは私の前著（熊谷 二〇一二）でもすでに引用したものだが、重要な資料となるので再び取り上げることにする。

国境の長いトンネルを抜けると雪国であった。

The train came out of the long tunnel into the snow country.

日本語文の視界は、主人公が車窓を通して見つめる世界である。それは、車窓の枠によって制限され、列車の進行とともに変化していく。これに対して英語文では主語が "train" となっており、列車は上空からの大きな視界の中に収まっている。
だから、日本語文の視界は、主人公がモバイルカメラを持ち、車窓からの景色を撮っていく様子にたとえられる。列車が進行すると、トンネルによって閉ざされていた黒い視界が終わり、雪国の白い視界が開けてくるのである。つまり、ここでは、比較的狭い視界の中を時間とともに大きく変化させるモバイルカメラの特性をフルに生かしている。

これに対して、英語文ではすべてが大きな視界の中にある。列車も、トンネルも、雪国も、同じひとつの枠の中に収まっているのである。それは、現代の車の運転席の前に取り付けられているカーナビの映像にたとえられるものである。車が進行すると、大きな地図の中の自分の車の位置が少しずつ進行方向にズレていく。

金谷（二〇〇四）は、このような、上空からの英語の視点を神の視点にたとえている。しかし、英語の視点は上空からとは限らない。多くのものを視野の中に入れて、その全体構造を捉えようとするのが英語の視点である。だから、それは側面からでもよく、また、その視点にいるのは観客や裁判官や記録カメラでもいいのである。神の視点というのは、それらの視点の中のひとつにすぎないが、多くの西洋人にとってイメージしやすい視点であると考えられる。

ここで『雪国』の冒頭部分をもう少し先まで引用してみることにしたい。

国境の長いトンネルを抜けると雪国であった。夜の底が白くなった。信号所に汽車が止まった。

この第一文を主語を含む完全な形にしてみると、「私は、汽車が国境の長いトンネルを抜けると車窓に雪国が現れるのを見た」という文になる。日本語では、本人の視界の中にあるものを描くことが多いのを前提にしているから、主語となる、景色を見た主体と、見るという行為と主体をとり巻く状況を示す表現は省かれているのである。そして、第一文で、このような、主人公の視点からの映像が出来上がると、第二、第三の文からも、それが主人公の視界の中の映像であることが伝わってくる。『雪国』のような文体が可能となったのは、それが主人公の主観に寄り添うものだからである。主人公は雪国に出会ったのであり、「夜の底が白くなった」のを発見したのであり、「汽車が止まった」のを感じたのである。

このような主観に寄り添う文体は、多くの日本語文に現れてくる。その典型例が、日本で古くから歌われている、文部省唱歌『汽車』である。

今は山中　今は浜
今は鉄橋渡るぞと
思う間も無くトンネルの
闇を通って広野原

この歌詞は、歌い手の主観が次々に捉えていく光景を映しとっている。何がどうした、というような主述関係を完全に無視した文章である。しかし、だからこそ、主観に映ったものをそのままに表すことができているのである。

## 主観的な視界の枠と客観的な視界の枠

『雪国』の冒頭文や『汽車』の歌詞が表す文の特徴は、回りの世界が汽車に乗る人の主観の枠で捉えられていることである。しかもそれが、車窓の枠という物理的にもわかりやすい枠の形を成している。これに対して『雪国』の英訳は、主人公が乗る汽車を外側から、さらにそれを、トンネルや雪国というより大きな景色の中に収めながら表している。それは、全体構造を客観的な枠の中に収めて捉えようとする態度であるといえるだろう。

そして、この問題は、降車の時に日本語が作る視界と英語が作る視界のちがいという、この本の出発点（1章）に再び話を戻すことになる。電車を降りようとする日本人の乗客にとっては「右側のドアが開きます」という情報だけで十分である。席を立ち、降車し、ホームを歩き、次の目的地へ向かおうとする行動の流れの中にある人物にとって、それ以上の情報はいらない。だから、“The doors on the right side will open.”が“Door on right side open.”になってしまう。つまり、英語は、行動の中にある主体にとっては余分な情報まで備えていることになる。なぜそうなるのかというと、英語は、個人が必要とする情報だけでなく、それを含む全体構造にとって必要な情報まで表すしくみをもっているからである。

私たちは、日没の光景を見つめるとき、ほとんどの場合は、地球の回転など意識していない。また、なじみの店に向かうとき、自分が東西南北のどちらに向かっているのかを意識することは少ない。しかし、もし、今度の日曜日に美しい日没の光景を写真に収めようとするなら、その日の日没の時間をあらかじめ調べておくことだろう。また、初めて行く店に向かうときには、東西南北を示す地図を参考にするだろう。

つまり、私たちは、一人称的な主観的な視点と三人称的な客観的な視点の両方を使い分けて生活している。そして、前者の視点を表しやすくできているのが日本語で、後者の視点を表しやすくできているのが英語であるといえるだろう。また、個人の主観を追うことが多い、文学の場合、また中でも『雪国』のような、日本の私小説の場合は、この日本語の特性をフルに活用しているといえるのである。

ただし、文学は個人の主観を追うことが多いといっても、個人の感情体験をただ漫然と表していけばよい、というわけではない。優れた文学は、作品の主観の中に読者の主観を重ね合わせることができなければならない。つまり、そこには、作者、読者、作品世界から成る三項関係（2章参照）が成り立っている必要がある。ある作品が多くの読者の共感を得ることができるものになっているとしたら、それは他の読者の体験やそこから生まれる心理をうまく表しているからである。つまり、主観が優れた主観的表現となるためには、客観的な理由を備えていなければならないのである。

### 回遊式庭園と視点場

ところで、個の視点にもとづいて設計された日本語は、いま述べてきたように、文学という、ことばによる芸術に直接的な影響を与えているわけだが、同時にそれは、物理的な空間造形にも影響を及ぼしているのではないか、と思う。そのひとつの表れが、4章で少し触れた、回遊式庭園である。

回遊式庭園とは、江戸時代に多く用いられた庭園様式である。その時代、各大名たちは、国元や江戸の屋敷に競ってこの回遊式庭園を造園していった。広い敷地に池を穿ち、その池を中心として巡る苑路を整備して回遊、鑑賞するのである（『景観用語事典』一九九八より）。この様式の庭園には、後楽園、浜離宮、兼六園、栗林公園など、日本の代表的な庭園が含まれる。

そこで用いられる視点は、ほとんどの場合、次々に移動していく視点であり、モバイルカメラの視点といっていいだろう。劇場の中の観客席のように固定した視点になっていない。回遊式庭園とは、その、移動していく視点を楽しませるものである。視点が移動していくと、園内の造形物は次々に見え隠れする。その景色の変化をもたらすのが回遊式庭園である。

一方、西洋の庭園に目を向けてみると、たとえばフランス式庭園のように非常に幾何学的な構造を成している場合が多い。左右対称な配置のもとで、等間隔に植物が植えられている様子がよく見られる。また、植物の刈り込み方も幾何学的であることが多い。そのため、部分を見ると、全体の形がわかってしまい、変化を楽しむことができない場合が多いのである。

もちろん、日本庭園にも別の様式があり、西洋庭園にも自然のままの姿を保ったものがある。しかし、いま述べたような逆方向の様式が主流になっていることには、やはり理由があるはずである。日本語の移動していく視点が日本庭園の造形方向と対応し、英語（ここでは西洋の他の言語も含む）の全体構造を捉えようとする視点が西洋庭園の造形方向に対応していると思うのである。

回遊式庭園は、苑路をたどるに従い、次々に景色を変えていく。そして、新たな景色を観賞できる各ポイントは「視点場」と名づけられている。つまり、園内の各所に視点場が置かれ、それぞれ異なる景色を楽しめるように工夫されているのである。園全体の構造よりも、それを見つめる各個人の視点と、そこから得られる視界を重んじる。この発想は、個の視点にもとづく日本語の特性に通じるものである。

それから、日本式庭園や日本式家屋に取り込まれたもうひとつの興味深い発想は、「借景」

という発想である。障子やふすまなど、開放部の大きな日本式家屋は、そこから外部の景色を取り入れ、自らの一部にする。また、日本式庭園は園外の山や大きな建造物を取り入れ、自らの景観の一部にする。それは、境界を作り、その内部構造を展示する西洋的な発想でなく、多くは個の視点にまかせてしまう日本的な発想の表れであると考えられるのである。

## 映画の発明が人々に与えた衝撃

この本で述べてきたように、日本語はモバイルカメラのような視界をもつ。それは映画的な視界をもつ、ということでもある。日本語は、7章で述べたように、クローズアップ機能を多用し、対象物の動きを追跡する。また、11章で述べたように、表したい事柄を過去や未来に簡単に飛ばしていくことができる。

しかし、それは、長らく、人の内部だけで作られる映像だった。ところが、一九世紀末から二〇世紀初頭にかけて、人類が映画というものを作りだしたとき、それは人々が外部にはっきりと認めることができる映像世界となったのである。

映画の基本的なしくみは発明家のエジソンが作りだし、フランスのリュミエール兄弟がそれをスクリーン上に映しだすことができるものとした。しかし、当初の映画は、カメラの位置を固定し、その前にある光景をただ延々と映しとるだけのものだった（それらの映像は、You

Ｔｕｂｅで確認することができる）。しかし、まもなく、映画は様々な映像技術を駆使するようになった。被写体の動きに合わせてカメラを移動したり、レンズの向きを上下左右に振ったり、クローズアップの技法を用いたりすることができるようになったのである。

これらの映像技術からより大きな衝撃を受けたのは、英語圏を含む西洋の人々だったのではないか、と思う。というのは、彼らが使う言語には、基本として、映画のように視界を次々に変化させていくしくみがなかったからである。しかし、日本語には、それに相当するものがすでにあった。つまり、やや極端ない い方をすると、映画の発明は、西洋の人々にとって、固定視点から脱して移動視点に気づくきっかけになった。映画カメラは、それまで遠くからその姿を認めることしかできなかった俳優たちのすぐそばまで行き、その顔や表情を大写しにすることを可能にしたからである。この意味では、映画やテレビのカメラは主観を捉えやすいメディアになったのである。

## 映画カメラの外面への視点と内面への視点

ところで、ここまでは、映画の視点が日本語の視点に似ていることを中心に述べてきた。それは、映画の映像が、その映る方向や範囲を次々に変えていくからである。しかし、映画は観客に見せるために作られている。その意味では、英語と同様に観客視点を強く意識している。

そのため、観客の視点を誘導し楽しませるものともなっている。それまで舞台から遠く離れていた観客の視点が、登場人物のすぐそばまで寄ったり、視界を素速く切り替えることができるものとなったのである。このような映画の外面的な側面は、戦時中の戦意高揚のための映像作りや思想宣伝や商品宣伝にも広く活用されるものになっている。

また、近年の映像技術の進歩は、映画がもつ、この外面的な側面を次第に大きくしているといえるだろう。観客の視覚を楽しませるためによく使われるのは刺激的な映像を作ることである。それが、アクションや暴力や恐怖やファンタジーの増大となって表れている。

しかし、映画は作中人物の内面を映像やセリフを通して表現するものでもある。この点では、当事者の視点にもとづく日本語の視点は、映像の範囲や方向を自由に変えていくことのできる映画の視点に連動しやすい特性をもっている。一九五〇年代に、小津安二郎や黒澤明など、日本映画の優れた監督が輩出したのも、このことに関係しているのではないか、と思う。

## モンタージュと俳句の技法

この、内面と映像の連動という点について、日本には優れた文学ジャンルが存在する。それは、五、七、五、の一七音から成る、俳句という日本独自の詩の形式である。

映画のカメラは、様々な被写体を、様々な角度から、ロングやアップで撮って、そのフィルムをつなぎ合わせる。こうして編集されたシーンは、そのつなぎ合わせ方によって様々な心理効果を生みだす。このような映画の技法はモンタージュ（フランス語で組み立ての意味）と呼ばれ、当初、アメリカ映画で用いられ、後にロシアのエイゼンシュテインなどによって理論化された（エイゼンシュテイン 一九五二など）。

エイゼンシュテインは、『戦艦ポチョムキン』（一九二五年制作）などの映画にモンタージュの技術をふんだんに取り入れたことで有名だが、同時に、その技術の理論化のために、日本文化など外国の文化を参考にしたことでも有名である。彼が注目した日本文化の中に俳句がある。彼は、松尾芭蕉による次の俳句などを例に挙げながら自説を述べている（訳書では句の一部に誤りがあったので修正）。

枯枝に
烏のとまりけり
秋の暮

・・・・・・我々の観点からすると、これらのものはモンタージュ成句である。具象的な二、三の細部の簡単な組合せが、別な──心理的な──種類のものの完成された描写を生みだすのである。

エイゼンシュテインの説にもとづき芭蕉の句を解釈してみることにする。俳句とはわずか一七音から成る世界一短い詩の形式である。俳句の構成は、三行で表した場合、第一行は上五、第二行は中七、三行目は下五と呼ばれる。この句の場合、上五では枯枝、中七では烏、下五では秋の暮と、それぞれ独立した映像を提供する。しかし、読み手は、その全体から、それぞれの思いを抱くのである。ある者は、烏のひもじさを感じるかもしれない。また、ある者は晩秋の寒さを、あるいは、淋しさを感じるかもしれない。俳句は少ない語音によって成り立っているからこそ、そこに多様な解釈が生まれる。また、それは省略の多い日本語の特性にも通じるものである。

ところで、芭蕉の句を映画的に解釈してみると、上五と中七は枯枝と烏の大写しで、そこからズームアウトの技法でカメラを引き、下五で秋の暮、と結んでいる。つまり、近景から遠景へと移ったところで余韻を残しているのである。だから、この句の並びは、晩秋の淋しさに重きを置きやすい特性をもっている。

しかし、この句の並びを次のように変えてみたらどうだろうか？

秋の暮

烏のとまりけり
枯枝に

こうすると、やや語呂は悪くなってしまうが、もとの句とは反対に、遠景から近景へと、つまり、ズームインの技法が施されることになる。すると、句の後半の余韻の部分、つまり、烏のひもじさや寒さの方が強調されるのである。俳句は、省略の多い日本語の特性だけでなく、語順を自由に入れ替えることのできる特性ももっている。ここが、エイゼンシュテインが、多くの句をモンタージュ成句と見なすゆえんである。

ただし、映画と俳句のモンタージュにはちがいもある。映画は、ワンシーンの中に多量のカットを急速にたたき込んでいくことが多い。それは、少ないカットで構成される俳句の趣とはかなり異なるものである。

## 俳句と浮世絵にある余白の美

エイゼンシュテインは、俳句について論じるときに、「俳句の不完全を完全な芸術にするのは読者だ」という、ある日本人のことばを引用している（エイゼンシュテイン　同書）。俳句はわずか一七音による芸術だから、すべてについて事細かく述べることはできない。しかし、だからこそ、余情や余白が生まれる。その余りの部分に入ってくるのが読者の認識や感情である。また、映画の場合も、長い現実時間を作品世界の限られた時間の中に収めていくわけだから、そこには必ず余白の部分が生まれる。観客が自分たちの思いを込めることができるような余白をもつ映画が優れた作品といえるだろう。

余白は俳句の中だけでなく、日本文化の様々なところにあり、「余白の美」と呼ばれる。その表れのひとつが日本画である。これに関して、フランス文学者で美術評論家の栗田勇（二〇一〇）は次のように述べている。

西洋の絵というのはタブロー、つまり四角の額ぶちに囲まれている。その額の中をことごとく油絵の具で塗りつぶしていく。そこに完結したリアリティがあると考えられていた。しかし、東洋や日本の絵画、特に水墨画など、多くは、余白というものをきわめて大切にする。

絵と写真の大きなちがいは、絵は認識したものだけを表す、というところにある。これに対して写真は、光学的に取り込まれたものすべてをフィルムに残す。日本画は絵の絵としての特性を生かした絵画といえるだろう。そして、描かれなかった余白の部分は、実はそこにも何かがあって隠されている、という神秘感を引き起こすのである。

このような余白の美が最も開花したのは、日本文化が西洋文化と融合する少し前、つまり江戸時代末期の浮世絵の時代なのではないか、と思う。浮世絵の美しさは、毛筆や版木によって生み出された線の美しさなのではないか、と私は思っている。写真そのものは、私たちが景色を見るときに感じる輪郭線を強調していない。被写体の光学的な変化を写し撮っているだけである。そこに物と物との境界を見つけるのは私たちの認識である。そして、北斎や広重の風景画を見ると、この輪郭線が実に見事に表されている。そして事物の輪郭線の外側はあっさり表されている。このような大胆な省略が許されるのは、日本人には、その言語構造も含め、すでに認知され、共有されている部分は省略するという認識特性があるからではないか、と思う。

## 美人画の中心にある余白

余白とは英語にするとマージン（margin）であり、ページの端にある、絵や文字のない部分である。浮世絵の風景画や毛筆による書の場合も、この余白を生かした表し方をしている。しかし、浮世絵の中には、マージンでない、まさに中心部分に余白がある場合がある、と私は思っている。それが歌麿に代表される美人画である。

美人画の美人画たるゆえんは、やはりその顔にある。そして、美人画の鑑賞者たちは、その顔の微妙なちがいや表情の変化に味わいを見つけるはずである。しかし、あえて、それに抗していえば、美人画に描かれている顔はかなり類型的である。小作りな目鼻立ちといい、卵形の顔といい、皆、驚くほど似ている。では、美人画の作者が最も力を注ぐべき、その中心部分がなぜそんなにあっさりしているのだろうか？——そこには、やはり欠くことができない理由があるのである。

逆に、浮世絵美人の目鼻立ちがはっきりし、表情豊かだったら、と想像してみよう。すると、今度はそこばかりが目立ち、絵全体のバランスが崩れてしまう。浮世絵美人の顔はあっさりしているからこそ、容姿全体の美しさ、髪の美しさ、かんざしの美しさ、着物の柄の細部にまで至る美しさが引き立つのである。では、顔の美しさ自体は消滅してしまうのか、というとそうではない。そこには、ゆずる美しさ、自分を抑え、秘めている美しさがあるのではないか、と思う。

二〇〇〇年近くの時を経て、現代にも、これと同じ感覚は生きている。私が子どもの頃、つまり、一九五〇年代にデパートの婦人服売場に行くと、そこには、毛髪を付け、目や唇が着色されたマネキンが立っていたように記憶している。ところが、いま、売場のマネキンを見ると、全くちがう姿をしている。顔も手足もモノトーンであり、頭部はあっさりとした輪郭だけになっている。しかし、だからこそ、そのプロポーションや着せられた服の美しさが引き立ってくる。この実にあっさりしたマネキンの姿には、やはり美しさを感じさせるものがある。この、シンプルな美を求める傾向は、いまや世界的なものになっているといえるだろう。

### 引き算の文化と足し算の文化の出会い

本書の4章で述べたように、日本語は引き算の発想を中心にして作られ、英語は足し算の発想を中心にして作られている。そして、この発想は、言語の組み立てだけでなく、本章で述べてきたように、文化全体に関係しているように思われる。

いま述べたように、絵とは認識の表現である。だから白い紙に付けられたひとつの点、一本の線は、そのまま描き手の認識を表す。そして、紙面が点や線や面で埋められていくに従い、その絵の認識は出来上がっていく。ということは、もう後戻りできないということであり、認識の方向性が限定されるということである。

日本画に独自の世界を切り拓いた熊谷守一（一九九八）は、「一番美しいのは、何も描かれていない白い紙だ」という意味のことばを残している。まだ何も描かれていない紙は、あらゆる線が引かれる可能性をもっている。しかし、いったん線が引かれると、どんどん可能性が限定されていく。いくらすごい絵であっても、それがすでに描かれたということは、別の絵が描かれる可能性を失ったということなのである。

このように、未完成であるということは、多くの可能性に向かって開かれている、ということである。そして、完成品であるということは、可能性に関しては閉じているということである。しかし、人が成した仕事について英米人が発する賛辞は「パーフェクト!」(Perfect!)であることが多いように感じられる。やはり、そこには、先に述べた、額縁の中を全部埋めていく文化が表れているのではないか、と思う。

## マンガに受け継がれた技法

幕末から明治にかけての日本文化と西洋文化の出会いは、日本人にとっても西洋人にとっても衝撃だった。その衝撃の大きさは、文化のあり方のちがいに比例していたのではないかと思う。そこに、お互いの文化に欠けていたものの発見があっただけに、学びの方向がはっきりしていたと考えられる。特に日本人は、欧米列強の脅威にさらされながら、急速に西洋の科学技術のノウハウを取り込んでいくことになる。

このような衝突の中で日本文化が失ったものも大きかっただろう。しかし、形を変えて生き残っているものも多い。そのひとつがマンガ文化である。

私が住む地方都市(福井市)にも、美術館に北斎や広重の浮世絵が来ることがある。それらを見て私が感じたのは、「あっ、これはマンガだ!」ということである。それらはマンガと同じように人も物も線によって描かれ、人の顔は背景の緻密さと比べてあっさりしていて類型的である。つまり、マンガのテクニックは、すでに浮世絵の中にあった、といえるだろう。マンガや浮世絵が描いているのは、目に入ってくるままの世界ではない。そこで認識したものを線によって引き出しているのである。しかし、それだけに、物の輪郭や人や動体（たとえば車や剣など）の動きがわかりやすい。このことが、今日の、日本のマンガの世界的な流行を導き出していると考えられる。

さらにもうひとつ、マンガが流行した理由があると思う。それは、コマ割りの多様な技術である。日本のマンガは、動きの激しいものについてはコマ数が多く、ゆっくりしたものについては少ない。また、強調したいもののコマは大きく、時にコマの枠をはみ出している。これは、視点を次々に変え、また、注目するものをクローズアップさせる日本語のしくみに対応している。と同時に、それは先に述べたモンタージュの技法であり、これは紙媒体のマンガだけでなく、テレビや映画の中のアニメでも使われているものである。

## 主観と客観の出会い

浮世絵やマンガの線を引かせているのは個の視点であり主観である。また、マンガやアニメのコマを次々に作っていくのも個の視点であり主観である。それは、場面を余すことなく映しとる写真や監視カメラの映像とは異なる。私たちは、一度訪れたことのある場所の写真を後で見ると、記憶になかったものを発見することが多い。それは、記憶とは、主観がその場で認め、価値づけたものを残し、写真は残余のものも含む全体を客観的に記録しているからである。

だが、すべてを平等に映しとる、この客観性が映像をつまらなくしているともいえる。人が生き、活動するということは、そのために必要な情報を周囲から次々に選び取っていくということである。その感覚を生き生きと描き出してみせたのが浮世絵であり、マンガであり、アニメだったといえるだろう。

しかし、客観的な視点はもちろん必要である。犯罪があったとき、写真の中にある、個人の記憶から外れた残余のものが事件解決の手がかりになることがある。また、客観的な資料が人々の思い込みを正すことは多い。この意味で客観的な視点は大切である。客観的な視点は、8章で述べたように、人や物の集合をステージ上に乗せ、それらを分析して結論を下す、西洋的な言語と思考の特性にもとづいている。このことによって西洋の科学技術は発達し、日本もそれを習い、産業を発達させてきた。しかし、それはモノに関する文化についてはかなりの成功を収めたけれど、人に関する文化についてはどうだっただろうか？　そこには、モノに向かうときとは異なるむずかしさがある。なぜなら、この領域には、ステージを見つめる側の視点だけでなく、ステージ上に乗せられた個々の人々の側の視点も含まれているからである。

## 人について適用される科学の方法

個々の人の視点を探る科学は心理学で、私自身もかかわってきた領域だが、ここでも西洋で作られた科学の手法が主に用いられている。たとえば、ある特性をもつ人々をステージ上に集め（これは直接人を集めるのでなく、データを集める場合が多い）、その行動の傾向や、そこにある法則性を明らかにしようとする。その研究過程は、おおよそ図12－2のようになるだろう（ここでは少人数で表しているが、もっと多数が望ましい）。

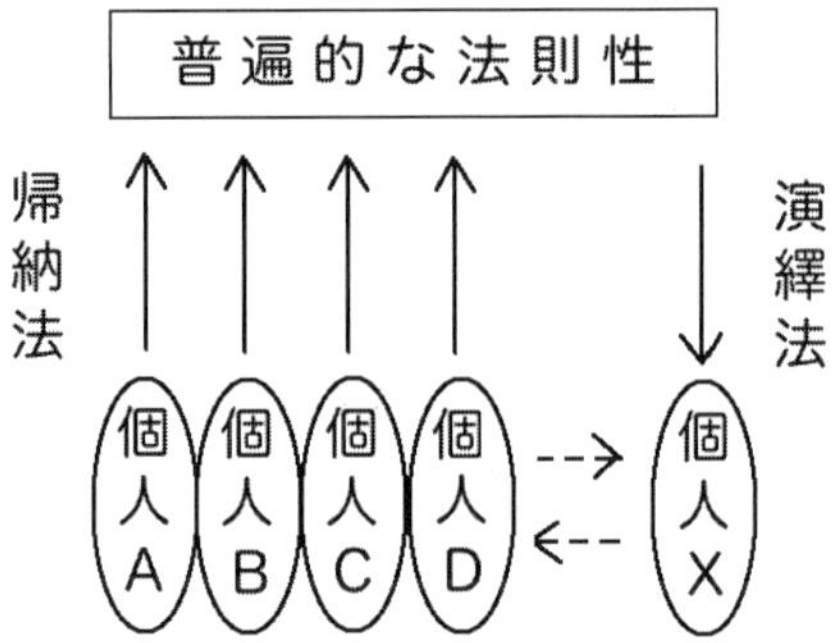

図12－2　帰納・演繹の過程

研究者は、まず、ある事例（たとえば図中の個人A）の中に特有な行動を見つけ、他の人々の中にも同様の行動がないか観察する。すると、B、C、Dなどにも同種の行動が観察され、たとえば、それに○○症というような症状名を付ける。また、その症状を改善したい場合にも、ある者に有効だった方法が他の者にも有効かどうかを次々に試してゆき、一般的な効果が認められれば○○法というような療法名が付けられる。このような方法は、もともと、医学的な診断と治療に用いられてきたものである。つまり、個々のケースから始めて普遍的な法則に至ろうとするもので、帰納法と呼ばれる。

次に、ここに、行動上の悩みをもつ個人Xがいて、自分は○○症なのではないか、と思い始めたとする。そこで、専門家に相談しつつ照らし合わせてみると、確かにそこに記されている行動に合致し、○○症だったと認識する。これが、図中の演繹法の過程である。

以上の帰納・演繹の手続きは、自然科学の基本だが、いまでは、人間の社会的行動、言語行動、病理的な行動の研究などでも広く用いられている。私は、長いあいだ、自閉症の研究に携わってきたが、自閉症の症状も、このような多くの観察の中で見出されてきたものである。また、自閉症の中に新たな症状を認め、それが普遍的なものであることを示そうとすれば、やはり、いま述べてきたような帰納・演繹の手続きをとることが必要になる。

## 物語として理解されるべきもの

しかし、この帰納・演繹の過程をたどるだけですべてが満たされるかというと、人間の行動についてはそうとはいえない、という思いが残る。人の行動に関して引き出される法則は、たとえば「このような行動がしばしば起きる」というような抽象的な表現で示されることが多く、様々な表れ方をする具体的な行動にはぴったりと当てはめにくいからである。

そこで、人に関する事柄については、具体的な行動を各個人のあいだでもっと詳しく照合するべきではないか、という思いが生じてくる。ちなみに、図12－2で、個人Xと個人Dのあいだに点線を引いているのは、そのような照合の例を示すためである。しかし、実際には、このような照合は、一般の科学研究では軽視されやすい。せっかく多くの事例に当たり、そこから普遍的な法則を取り出したのに、最初の個の部分に戻ってしまうことになるからである。しかし、にもかかわらず、なぜそこに戻る必要があるのかというと、人の行動や症状は、個別・具体的な状況の中で現れ、また、時間経過を伴って現れるものだから、法則の中に収めきれないものを多く含むからである。

こういうことが起きる、と普遍法則の中に書かれていても、それが、いつ、どこで、どのように起きるかは正確には判断しにくい。個別・具体的な状況では、全く同じ、ということはないからである。しかし、似たものはある。その似たもの同士を照らし合わせる中で、抽象的なものが具体的にどのような形で現れてくるかを確かめることができる。また、このような照らし合わせをしていく中で、新たに法則となり得るものを発見することもある。

また、人の行動や症状には期待や恐れなどの感情が伴う。そして、それらの感情は時間経過の中で現れる。だから、時間経過を伴う形式の記述が必要となる。それが物語というものである。物語として記述された個の経験と、それと照らし合わす別の個の具体的な経験には、ちがいがたくさんあるかもしれない。しかし、そこで起きる感情は共通していることが多い。そこから共感や感動が生まれるのである。また、それは、困難な状況の中で生きる者のあいだに同志的感情を生み出すかもしれない。

それから、もうひとつ、物語の中の人物とその読者のあいだにはちがいがあるからこそ、それを読むことに意味がある、ということもできる。あなたはこういう部類の人間で、こういうことをすることが多い、と一般法則を告げられ、自分がその部類に入ることはわかっても、その中のどこに位置付くかはわかりにくいものである。そんなとき、極限的なところにいる人物の物語は大いに参考になることがある。世には、才能的に突き抜けた人、大きな障害をもつ人、あるいは極悪人の物語などがある。そして、その読者は物語中の人物ほど才能がなく、それほど大きな障害はなく、また、極悪人でもない場合がほとんどだろう。だが、それら極限的な人生を見つめることで、自分とその人との距離感を確かめることができる。それは、図12－3の下図のような、その領域の中の自分の位置がわからずフワフワした認識の状態から、上図のよ

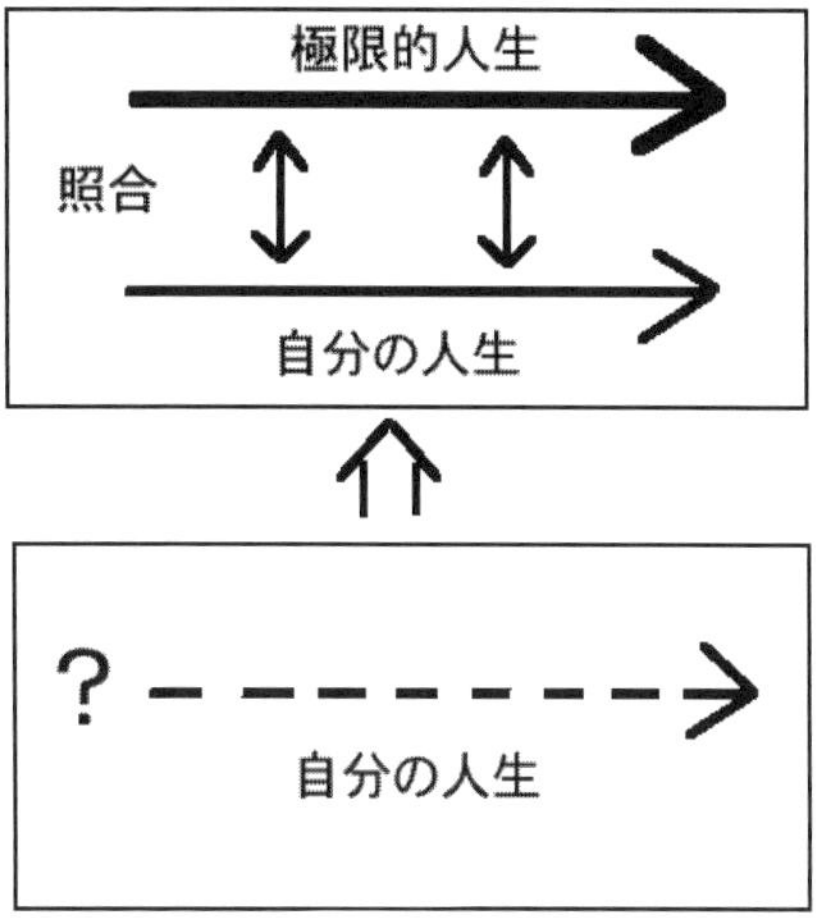


図12－3　照合による自分の位置の確認

うな、自分の位置の見当を付けることができる認識の状態への変化といえるだろう。

ところで、このようにして、もしそこに大きな距離が確認されたとしても、そのために共感が消滅してしまうかというと、必ずしもそうではない。どんなにその人生が超人的に見えようが、また、人非人に見えようが、それは同じ人という部類の中で生まれたものである。それが起きた経過が物語の中に克明に書き込まれていれば、読者には共感や教訓が生じるのである。

人間を認識するには、西洋発の一般科学の方法だけでなく、物語的な記述形式が必要である。そして、日本語はそれに適した表現形式をもっており、だからこそ、『源氏物語』のような、世界最古の長編小説を生み出した、と考えられる。日本人の心情は、日本語の表現形式、思考形式に深く根ざしている。しかし、だからこそ、明治以降の日本人は、あえて、そのような感性の否定、つまり自己否定にはげみ、西洋的な科学精神を身に付けようとしてきたともいえる。しかし、そのような傾向への反省も生まれつつある。

私が属する、心理学の関連領域でも、これに対応する変化は起きつつある。いわゆる「科学的方法」一辺倒の状態から抜け出しつつある。事例研究や当事者研究が見直され、実験や調査の結果を数量的に分析する、いわゆる量的研究に対して質的研究の分野が構築されるようになってきている（フリック 二〇一一、能智他編 二〇一八など）。また、より広く、認知科学という分野を例にとっても、個の視点に立脚する「一人称研究」の必要性を唱える人々が現れている（諏訪・堀二〇一五）。これは、人間の理解には多くの方法をとることが必要であることの再認識であり、また、それは、日本語的な表現形式の意味を再発見することでもあると考えられる。

## 日本語と英語の善悪チェック機能

それからもうひとつ、この章の最後に述べておきたいことがある。それは、行動の善し悪しを判断するときの日本語的発想と英語的発想のちがいについてである。

日本語は、2章で述べたように、話し手と聞き手の共同注視を基本としてことばが作られている。だから、人の行いについて評価するときも、それを共同注視の対象とし、「それでいいと思うの？　胸に手を当ててよく考えてごらん」というようなことばが発せられる。また、一緒に仕事を進めていくときにも、間近で物事の細部にまでわたり指摘し合うことができるので、大きな前進が見られることも多いのである。このような日本人の人間関係が好ましい方向で表れたのが、二〇一一年の東日本大震災の後の人々の助け合いである。その姿を見た外国人記者たちは、自分が助かるだけで精一杯の状況の中で他の人のことも気遣う日本人の姿に驚いたという。

しかし、一方、このような近距離での関係性が誤った方向に深まっていくこともある。この場合には、二人の外にチェックする者が現れにくいだけに、好ましくない方向にどんどん進んでしまう可能性がある。さらに、AとBの関係から始まってBとC、さらにはCとDというように、ひとつひとつを見ると一対一だが全体的に見ると大きなしがらみのある関係が生まれ、そこから逃れられないことになりやすい。政治的な決断の中で忖度がおこなわれやすいのも、このような事情による。

反面、英語的な発想は、観客視点を基本にしているだけに、このようなしがらみを生みにくい。それが裁判や法というチェック機能を早くから発達させるもとになったのではないかと思う。しかし、法も人が作るものだから、作られていく過程で誤りが生じることは避けられない。英語的な発想は物事を広い範囲で捉え、そこに共通点を求めてルール作りをしていこうとする。しかし、この方法が思うようにいかないこともある。そのときは、確率にもとづいて判断したり、多数決の原理を発動して方針を決定しようとするのである。そして、いったん法が作られると、好ましくない部分をもっていても、一人一人の思いとは関係なく、絶大な力をもつことになってしまう場合が多い。日本も、いまでは、西洋に並ぶ法治国家になっているわけだから、これはすでに日本の問題でもあるといえるだろう。

以上述べてきたように、私たちは、知らず知らずのうちに、言語と一体になった自国の思考様式のもとで行動するようになっている。言語は、私たちが常日頃使っているものであり、それだけに無意識の内側にまで深く浸透しているものである。だから、私たちが気づきにくいところで価値判断を決定し、また、私たちの文化を作っている。日本人は、そこにもっと目を向けた上で英語文化と向き合うべきなのではないだろうか。

# あとがき（なぜこの本を書いたのか？）

私はなぜこの本を書いたのか？　それは、英語は日本語と同じく、あるいはそれ以上にクセのある言語だ、ということを伝えたかったからである。クセが強いから英語は学びにくい。しかし、このクセを知れば、英語はこれまでよりも近づきやすいものになる。このことを読者に伝えたいと思った。

英語はいまや世界標準の言語である。また、近年、世界の文明をリードしてきたヨーロッパ言語の一員でもあり、共通した根をもっている。だから、その大きな影に隠れて英語のクセは見えにくくなっている。

一方、日本語のクセは、英語という標準と比べる中で徐々に明らかになってきた。語順がちがうこと、省略が多いこと（久野 一九七八など）、「は」と「が」の使い分けをすること（三上 一九六〇など）、「ウチ」と「ソト」を区別することばの使い方をすること（牧野 一九九六など）などである。これに視点のちがい（金谷 二〇〇二、熊谷 二〇一一など）を加えると、日本語は英語の対極といってもいいようなところに位置している。

では日本語は、言語の標準から外れたところにある偏った言語ということになるのだろうか？——発達心理学的な観点に立つと、決して、そのようなことはない。言語は、人と人が外界の中で対象を選択・共有し、それに働きかけるために生まれた（共同注意のしくみ）。そして、日本語は、この基本にかなり忠実に作られている。日本語に省略が多いのも、共有したものを前提にしながら話を進めていくからである（熊谷二〇一一）。また、世界の言語を見ると、日本語と共通した特徴をもつものがかなり多い。このことから考えると日本語は言語の基本的なあり方に忠実な、素直な言語であり、むしろクセの少ない言語である、ということができるだろう。

それでは、このような日本語の話者の視点から見ると、英語はどのような言語に見え、どこが捉えにくいのか？　また、それは、英語がどのようなクセをもっているためか？　このことを明らかにするために書き始めたのが本書の内容である。

英語のクセは大きい。そのクセが生まれたのは、先に述べた共同注意（この本では、視点を重視するので「共同注視」という呼び方をしている）というものがさらに発達し、形を複雑にしてきたからである。最初の言語は、人が他の人と共同で行動しながら、直接その場で発するものだったが、次に、人が行動する様子を外側から見つめて表すことができるものになった。私たちがことばを使うのは、直接、人や物に向かうときよりも、回りの出来事を観察したり、経験したことを思い出したり、予定について話すときの方が多い。この場合の言語の形式は、共同注視をさらに共同注視で包むような形をしているので、私はこれを「共同注視の入れ子構造」と呼ぶことにした（2章参照）。共同注意の概念は、言語発生と関連させてよく取り上げられるようになっているが、言語のその後の発達との関連でこの概念をふくらませることはほとんどなかったのではないか、と思う。

共同注視の入れ子構造は、出来事の外側に視点を作る。言語はもともとは出来事の内側で、人と人が共同で物事を進めるために生み出したものだから、視点はその中にあるのが基本である。だから、日本語はこの基本にもとづきながら、さらにそこに外側からの視点も加えるような形で言語を発展させてきた。しかし、表すべき物事の範囲が広くなってくると、その全体を外から客観的に見て表した方が都合よくなることが多い。そこで視点を、内から外へと移すように、大きく舵を切ったのが英語などのヨーロッパ言語である、ということができると思う。その結果が、あたかも観客が舞台の様子を観察するときのような、英語による出来事の表し方である。

「共同注視の入れ子構造」という、私がこの本の中で提出した概念は、私の自閉症研究の中で生まれたものである。自閉症者は「心の理論」の形成が遅い（熊谷二〇一八など）。「心の理論」とは、人の心を読もうとする能力のことで、通常、四、五歳で形成されるといわれる。しかし、実際には、一、二人称的な関係（共同注視の入れ子の内側に相当する）のもとなら、一、二歳の子どもでも相手の心を読もうとする様子が見られる。だから、「心の理論」と呼ばれているのは、ほんとうは、三人称的な人物の心を読もうとする能力で、それは、この本で述べてきた、入れ子の外側に視点を置いて人々の行動を観察する能力に相当する。実際、自閉症の人たちは、第三者の行動を観察したり、それを自分の行動に結びつけたりすることが苦手である。つまり、共同注視の入れ子構造の形成という、人の心の発達にとって重要なこの転換点が、同時に、日本語と英語のちがいを生む分岐点にもなっていると考えられるのである。

共同注視の発達という視点から見ると、入れ子構造はその当初の形を発展させたもので、それに従って基本となる視点の位置を外側へと転換させた英語は、進化した言語に見えるかもしれない。確かに、英語はそのことによって、物事を客観的に捉える視点を得た（それは、日本人も徐々に文化の中に取り入れてきた視点である）。しかし、同時にそのことによって、様々な負荷も負うことになったのである。この本の中で詳しく述べてきたように、物事を舞台上のものとして表そうとすると、そこにある人や物や場所や時をいちいちしっかり位置づけながら示していかなければならなくなるからである。それが、わかっていても主語や目的語を省略できないことや、時間や空間の中を自由に行き交うことができないという結果を生んだ。また、表している出来事の内に入り、そこにいる人の視点になることが日本語よりもむずかしくなった。つまり、多くのしばりが生まれ、それが英語のクセを作ったのである。

このクセは、英語やヨーロッパ言語の中にある人々にはクセとして見えにくい。それは皆がもち、暮らしの中に紛れているクセだからである。このクセをはっきり認めることができるのは、その対極にある言語を用いる人々、つまり日本人なのではないか、と思う（これは日本語に近い位置の言語にもいえることだが、今回はそれには触れない）。このような立場から、英語の文法に潜んでいる根本的なクセを見破ろうとしたのが本書の内容である。

私は、学校時代を通して英語がなかなか身につかない生徒だった。英語には日本語的な理屈を当てはめにくい。だから、「習うより慣れよ」という精神でとりくむ必要がある。しかし、それを実行しようとすると多大な時間が取られる。私はその時間をもっと別のことに使いたかった。しかし、その別のことが何なのかもなかなかわからなかった。

そこで、少しは英語もやらなければと、英会話教室などをのぞいてみたりすると、生徒たちの英語に近づき、英語に合わせようとする姿に反発を感じた。そうやって英語の世界に入ろうとしている自分とは何なのか？　私は英語を知る前に自分についてもっと知りたかった。この世に生まれ、こうして生きている自分とはいったい何なのか？　そこで、文学書や哲学書（もちろん日本語で書かれた）が読書の中心になったが、その答えもあまり得られないまま若い時を過ごした。こうして紆余曲折してたどり着いたのが心理学や自閉症の研究分野だった。

だが、一方で、あの、なじめなかった英語とはいったい何だったのか、という思いが周期的に巡ってくるのだった。また、自分を知るために始めた心理学というものが、ヨーロッパ発の学問であり、英語的な発想が主流であることに気づくようになった。こうして、どうにもそこから逃げられないのなら、いっそ、英語というものに正面から向き合ってみようと思うようになった。それは、普通なら、そろそろ人生の片付けをしなければならない年齢になってからである。

それから、この本を書くことにしたのには、もうひとつの経緯がある。それは、すでに述べたように、私が自閉症という、重いコミュニケーションの障害をもつ人々とかかわってきたことに関係している。自閉症者は他の人々とコミュニケーションすることがむずかしく、そもそもコミュニケーションとは何か、を体得しにくい人々である。この状況は、多くの日本人が英語に向き合うときにも似ている。英語について、私たちの多くはコミュニケーション障害者である。

しかし、この、自閉症の人たちを見ていると、一方で、私たちがあたりまえなものとして特別に考えないでいるコミュニケーションというものが、どのように出来ているのか、について改めて考えさせられることが多い。そして、最近では、多くの自閉症の当事者が自分の置かれた状況について語るようになってきている。それらのことばを聞いてみると、心理学や医学の専門家から聞く以上に、彼らが置かれた状況がわかり、また、彼らのつまずきを通してコミュニケーションのしくみというものに気づかされることになる。

英語という文字がタイトルに付くような本は、一般に英語が堪能な英語の大家が書くものである。英語が未熟なままの私がこのような本を書いてよいものか、というためらいがあった。しかし、そこを後押ししてくれたのが、自閉症について語る自閉症の当事者の姿である。自閉症というコミュニケーション障害の当事者が語ることによってコミュニケーションというものの姿が浮かび上がってくるのと同じように、英語についてのコミュニケーション障害の当事者である私が語ることによって英語の姿が見えてくる、ということもあるのではないか、と思うようになった。

そして、このような私の立場は、日本語の中で生きる、大多数の日本人と同じ立場でもある。日本人の多くは英語についてのコミュニケーション障害者である。その日本人がむずかしく感じるものの中に英語の本質が潜んでいるのではないか。また、その一員である私がこうして語ることは、このコミュニケーション障害の実態を示すと同時に、英語によるコミュニケーションとはどのようなしくみになっているのか、を明らかにするための一助となるのではないか、と考えるようになったのである。

こうして英語について新たな思いを抱くようになった私は、数十年前には少しのぞいただけで行くのをやめた英会話教室に新たに通い始めている。そして、そこで個人指導を受けている英語ネイティブの先生（マリアさん）に、この本の内容を英語で少しずつ説明し始めている。日本語と英語の根底にある視点のちがいを明らかにしていくことは、私たち日本人が英語を理解するためだけでなく、英語ネイティブの人たちが自ら使っている言語のしくみを見直すきっかけにもなるのではないか、と思う。少し遅くなってしまったが、私自身の英語能力をもう少し高め、できたら、この本の内容を英語ネイティブの人たちにも伝えることができるものにしていきたいと思っている。

最後に、この本の出版を引き受けてくださった新曜社社長の塩浦暲氏、また、これまで何度も編集を担当していただき、今回は日本語と英語という新たなテーマを掲げたために大変な苦労をおかけした田中由美子さんに、この場を借りてお礼を申し上げたいと思う。

# 引用文献

池上嘉彦『日本語と日本語論』ちくま学芸文庫　二〇〇七
池上嘉彦『主観的把握――認知言語学から見た日本語話者の一側面』昭和女子大学大学院言語教育・コミュニケーション研究（3）　二〇〇八
石田秀雄『わかりやすい英語冠詞講義』大修館書店　二〇〇二
ウェブ、ジェイムズ・H・M『改訂新版　日本人に共通する英語のミス121』ジャパンタイムズ　一九九一
エイゼンシュテイン（佐々木能理男訳編）『映画の弁証法』角川文庫　一九五三
Ogden, C. K. *The basic words*. The Hokuseido Press, 1979
尾野治彦『「視点」の違いから見る日英語の表現と文化の比較』開拓社　二〇一八
金谷武洋『日本語に主語はいらない』講談社選書メチエ　二〇〇二
金谷武洋『英語にも主語はなかった』講談社選書メチエ　二〇〇四
久野暲『談話の文法』大修館書店　一九七八
熊谷高幸『自閉症の謎　こころの謎――認知心理学からみたレインマンの世界』ミネルヴァ書房　一九九一
熊谷高幸『日本語は映像的である――心理学から見えてくる日本語のしくみ』新曜社　二〇一一
熊谷高幸『自閉症と感覚過敏――特有な世界はなぜ生まれ、どう支援すべきか？』新曜社　二〇一七

熊谷高幸『「心の理論」テストはほんとうは何を測っているのか?――子どもが行動シナリオに気づくとき』新曜社 二〇一八
熊谷守一『ひとりたのしむ――熊谷守一画文集』求龍堂 一九九八
栗田勇『日本文化のキーワード――七つのやまと言葉』祥伝社新書 二〇一〇
篠原修(編)『景観用語事典』彰国社 一九九八
諏訪正樹・堀浩一(編著)『一人称研究のすすめ――知能研究の新しい潮流』近代科学社 二〇一五
セイン、デイビッド『ネイティブはこう使う!マンガでわかる冠詞』西東社 二〇一五
田中茂範・弓桁太平『イメージでわかる表現英文法』学研プラス 二〇一六
田村智子『同時通訳が頭の中で一瞬でやっている英訳術リプロセシングドリル』三修社 二〇一一
Chomsky, N. *Aspects of the theory of syntax*. MIT Press, 1965(安井稔訳『文法理論の諸相』研究社 一九七〇)
寺澤盾『英語の歴史』中公新書 二〇〇八
土居健郎『「甘え」の構造』弘文堂 一九七一
時吉秀弥『英文法の鬼100則』明日香出版社 二〇一九
トマセロ、マイケル(大堀壽夫ほか訳)『心とことばの起源を探る――文化と認知』勁草書房 二〇〇六
中根千枝『タテ社会の人間関係』講談社現代新書 一九六七
夏目漱石『それから』新潮文庫 一九八五

夏目漱石（ズフェルト、Ｒ・Ｆ訳）『吾輩は猫である　I Am a Cat』ＩＢＣパブリッシング　二〇〇六

西村義樹・野矢茂樹『言語学の教室――哲学者と学ぶ認知言語学』中公新書　二〇一三

西村喜久『英会話はＨａｖｅだ』明日香出版社　一九八八

能智正博（編集代表）『質的心理学辞典』新曜社　二〇一八

Huttenlocher, P. R. Morphometric study of human cerebral cortex development. *Neuropsychologia*, 1990, 28 (6)：517-527.

濱田英人『認知と言語――日本語の世界・英語の世界』開拓社　二〇一六

フリック、ウヴェ（小田博志監訳）『新版　質的研究入門――〈人間の科学〉のための方法論』春秋社　二〇一一

ブルーナー、Ｊ・Ｓ（寺田晃・本郷一夫訳）『乳幼児の話しことば』新曜社　一九八八

ベルク、オギュスタン（宮原信訳）『空間の日本文化』ちくま学芸文庫　一九九四

堀田隆一『英語の「なぜ？」に答えるはじめての英語史』研究社　二〇一六

前田富祺（監修）『日本語源大辞典』小学館　二〇〇五

牧野成一『ウチとソトの言語文化学――文法を文化で切る』アルク　一九九六

松本道弘『Get と Give だけで英語は通じる』講談社　一九九八

三上章『象は鼻が長い』くろしお出版　一九六〇

三上章『日本語の論理』くろしお出版　一九六三

村上春樹「村上春樹ロングインタビュー」『考える人』二〇一〇夏号　新潮社　二〇一〇

室勝・小高一夫『英語を書く本——BASIC ENGLISHの理論と活用』洋販出版　一九八二
やまだようこ『ことばの前のことば』新曜社　一九八七
吉田研作（編）『プログレッシブ中学英和辞典』小学館　二〇一四

**【さ行】**

# 索　引

著者紹介

熊谷高幸（くまがい・たかゆき）

1947年、愛知県の三河地方で生まれる。早稲田大学（フランス文学専攻）卒業。印刷会社勤務、法政大学夜間を経て、東北大学大学院にて障害児心理学を修める。専門は自閉症者のコミュニケーション支援。

福井大学講師、助教授、教授の後、現在、名誉教授。福井工業大学非常勤講師。

『自閉症の謎　こころの謎：認知心理学からみたレインマンの世界』（ミネルヴァ書房 1991年）を皮切りに、自閉症関連の本6冊、日本語関連の本2冊を刊行する。それらをつないでいるのは、コミュニケーションの基本である「共同注意」（人と人が共に同じものに注意を向ける）という心の働きである。本書では、共同注意の上位の段階である「共同注視の入れ子構造」の成立をめぐって、英語が日本語とかなり異なる文法体系を持つに至った理由を、日常的な場面を取り上げながら説明している。
■e-mail : kumagai.fp@dream.jp

「自分カメラ」の日本語
「観客カメラ」の英語
英文法のコアをつかむ

初版第1刷発行　2020年2月27日

著　者　熊谷高幸
発行者　塩浦　暲
発行所　株式会社　新曜社
101-0051　東京都千代田区神田神保町3－9
電話（03）3264-4973（代）・FAX（03）3239-2958
e-mail : info@shin-yo-sha.co.jp
URL : https : //www.shin-yo-sha.co.jp
印　刷　亜細亜印刷
製　本　積信堂


ISBN978-4-7885-1666-3 C1082